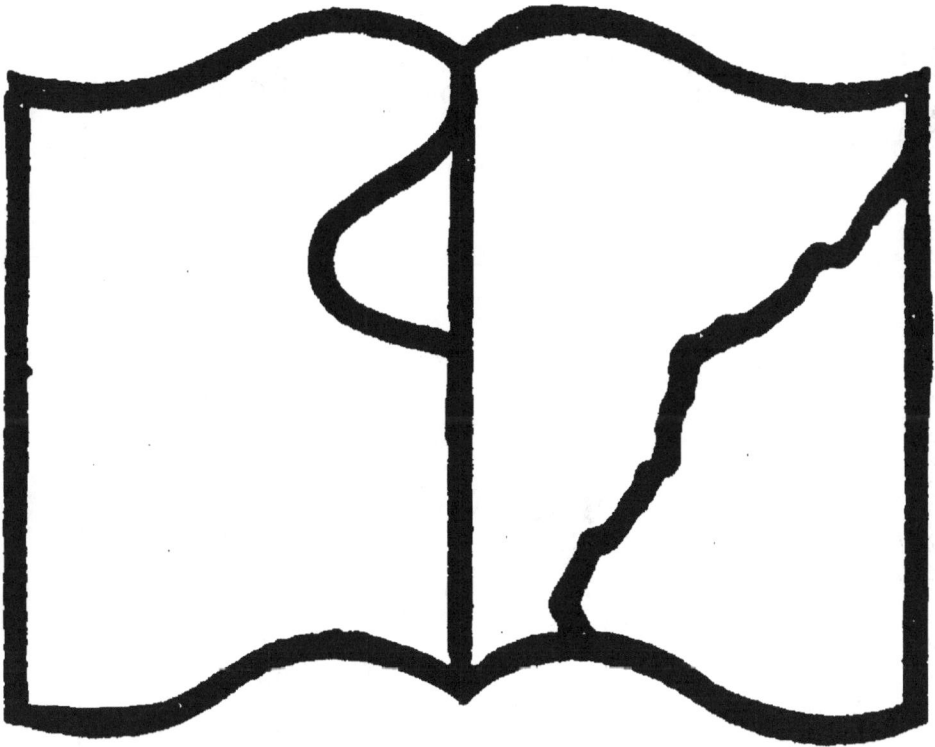

THÈSE.

Poitiers. — Imp. de N. Bernard.

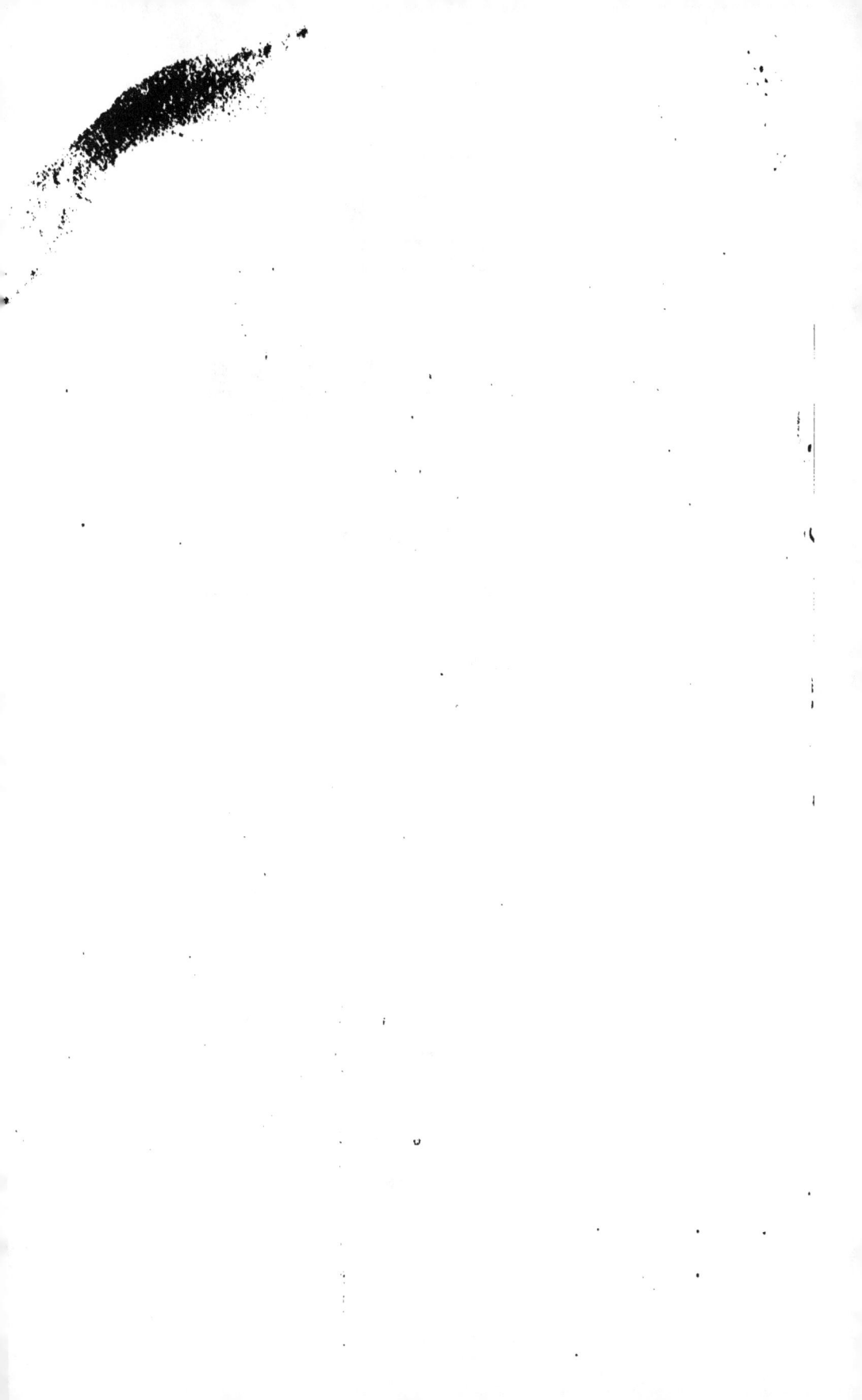

FACULTÉ DE DROIT DE POITIERS.

THÈSE

POUR

LE DOCTORAT

SOUTENUE

Le mardi 31 juillet 1860, à 2 heures 1/2 du soir,

DANS LA SALLE DES ACTES PUBLICS DE LA FACULTÉ,

Par Charles Dumont,

AVOCAT,

Né à Angers (Maine-et-Loire).

POITIERS,

IMPRIMERIE DE N. BERNARD, RUE DE LA MAIRIE
PRÈS L'HOTEL DE VILLE.

—

1860.

COMMISSION :

Président,   M. FEY ✻.

Suffragants,   { M. GRELLAUD ✻,
               { M. RAGON,   } Professeurs.
               { M. LEPETIT,
               { M. A. DE LA MÉNARDIÈRE,   Agrégé.

Vu par le Président de l'acte public,   Vu pour le Doyen.

       FEY ✻.   GRELLAUD ✻.

« Les *visas* exigés par les règlements sont une garantie des principes
» et des opinions relatives à la religion, à l'ordre public et aux bonnes
» mœurs (*Statut du 9 avril 1825, art. 41*), mais non des opinions
» purement juridiques, dont la responsabilité est laissée aux can-
» didats.

» Le candidat répondra en outre aux questions qui lui seront
» faites sur les autres matières de l'enseignement. »

A MON ONCLE M. MÉTAYER,

JUGE A NAPOLÉON-VENDÉE.

DROIT ROMAIN.

DE USUCAPIONIBUS ET USURPATIONIBUS.

D. 41, 3.

CHAPITRE 1er.

NOTIONS GÉNÉRALES.

1. La propriété est un droit : la possession est un fait. On arrive au droit par le fait et à la propriété par la possession : telle est l'idée principale sur laquelle se fonde l'usucapion. L'usucapion est un mode d'acquisition qui dispense de toute preuve ultérieure, et remédie à ce que le contrat pourrait avoir de défectueux, soit dans la forme, soit dans le fond. Il y a certainement un côté inique dans ce moyen d'acquérir la chose d'autrui, et cet aspect de l'usucapion n'avait pas échappé aux anciens qui ne la toléraient que pour éviter un mal pire encore, je veux dire l'incertitude de la propriété dans l'État.

2. Seul effet accordé par le droit civil à la posses

1

sion continuée pendant le temps légal (1), l'usucapion avait pour but de punir la négligence des
citoyens qui ne veillaient pas assez soigneusement
sur leurs biens (2), ou encore (du moins jusqu'au
S. C. d'Adrien) d'engager les héritiers à faire promp-
tement adition des hérédités ouvertes. Dans ce
dernier cas, l'intérêt des *sacra familiæ* l'emporte
sur la mauvaise foi du possesseur (3). On pensait,
du reste, que cet oubli de ses affaires et de ses droits
constituait une sorte d'aliénation volontaire (4).

3. Mais les moyens juridiques de reconnaître et
d'établir cette acquisition de propriété différèrent de
forme et d'étendue selon les temps. Trois époques
principales sont à considérer; l'ancien droit, c'est-
à-dire la loi des XII Tables; le droit modifié par les
innovations prétoriennes; enfin la législation de Justinien.

CHAPITRE II.

LOI DES XII TABLES.

4. Il est vraisemblable que les premières notions
de l'usucapion furent puisées dans le droit des Grecs
à l'époque du voyage des Décemvirs à Athènes : car
ce mode d'acquisition était connu en Grèce, si l'on

---

(1) L. 3 D., 41, 3.
(2) L. 203 D., 50, 18.
(3) Caius, II, § 55 et 57.
(4) L. 28, pr. D., 50, 17.

en juge par de remarquables passages d'Isocrate et de Platon (1).

5. Quoi qu'il en soit, la première trace de l'usucapion dans le droit romain se rencontre dans la loi des XII Tables : « *Usus auctoritas fundi biennium, cœterarum rerum annuus usus esto* (2). » Cette disposition de la loi est empreinte d'une austère rigueur. Le délai est aussi restreint que possible; il est d'un an pour les choses mobilières *mancipi* ou *nec mancipi* (3), et de deux ans pour les choses immobilières. Or, à cette époque les immeubles étaient tous *mancipi;* les conquêtes n'avaient point encore amené la création des provinces. C'est précisément dans ce peu d'étendue de l'autorité romaine qu'il faut voir le motif de cette prescription si prompte. Un bref délai suffisait alors aux propriétaires *ad inquirendam rem suam* (4), et d'ailleurs on était à une époque où le droit était assez strict et assez rigoureux pour qu'on considérât les hérédités comme devant être usucapées par un an, « parce que, dit Gaius, la loi des XII » Tables a voulu que les choses qui tiennent au sol » fussent usucapées par deux ans et les autres choses » par un an : or, l'hérédité paraissait devoir être » comprise parmi ces autres choses puisqu'elle ne tient » pas au sol et qu'elle n'est pas même corporelle (5). »

(1) Platon, xii, de leg. — Isoc. in Archid.
(2) Tab., vi, ch. 4.
(3) Ulpien, fragm. xix, § 8.
(4) Gaius, ii, § 44.
(5) Id., ii, § 53, 54.

6. Partant de ce principe que les choses mobilières s'usucapaient par un an, la loi faisait passer la femme sous la puissance du mari et donnait à ce dernier le pouvoir paternel, si elle ne se soustrayait pas à cette possession acquisitive par une absence de trois nuits. Les mots « *usurpatum iri trinoctio* » prouvent bien qu'il s'agit ici d'une usucapion véritable.

7. D'autre part, il existait des choses qui ne pouvaient jamais être usucapées : ainsi la loi des XII Tables avait établi qu'un espace de cinq pieds devait séparer les propriétés, et cet espace n'était jamais susceptible d'usucapion (1).

8. Gaius nous apprend encore que les biens *mancipi* d'une femme soumise à la tutelle de ses agnats ne pouvaient, en général, être usucapés par l'acquéreur. Ils l'étaient cependant, par exception, quand elle les avait elle-même livrés avec l'autorisation de son tuteur. Ainsi le voulait la loi des XII Tables dans une disposition qui s'est perdue (2).

9. L'usucapion ne pouvait pas non plus atteindre les choses sacrées ou religieuses (3), et le chapitre dernier de la Table X° a trait à l'imprescriptibilité des tombeaux et du vestibule qui les précédait (4). Cette disposition a été, comme toutes celles de la

(1) Tab., vi, ch. 5.
(2) Gaius, ii, § 47.
(3) Id. ii, § 48.
(4) Tab., x, C. ult.

Table X° copiée presque littéralement par les Décemvirs dans la loi de Solon (1).

10. La loi des XII Tables défendit aussi, par un motif d'ordre public, l'usucapion des choses volées (2). Cette prohibition fut plus tard corroborée par la loi Atinia qui s'exprime presque dans les mêmes termes. *Quod subreptum erit*, dit cette loi, *ejus rei æterna auctoritas esto* (3). Les commentateurs ne s'accordent pas sur la portée de cette loi. Les uns n'y ont vu que la reproduction de la règle établie par la loi des XII Tables ; les autres ont cru que cette loi avait étendu la prohibition, et l'avait appliquée même aux possesseurs de bonne foi aux mains desquels tomberait la chose entachée de vol. Mais il est difficile de croire, en présence d'un texte de Gaius, que la loi Atinia ait rien ajouté, sous ce point, à la loi Décemvirale (4). Il serait plus rationnel de penser que cette loi a eu pour but de fixer pour terme à l'imprescriptibilité de la chose volée, le retour de cette chose aux mains du propriétaire (5).

11. Enfin, l'usucapion prenant sa source dans le droit civil ne put naturellement s'appliquer qu'aux seuls citoyens romains. Elle fut interdite aux étrangers. *Adversus hostem æterna auctoritas esto*, dit la loi dans une formule d'une énergique précision (6).

---

(1) Cicéron, ii, de Legibus.
(2) Tab., iii, C. ult.
(3) Aulu-Gelle, xvii, 7.
(4) Gaius, ii, 8, 49.
(5) Loi 4, § 6, D., 41, 3.
(6) Tab., iii, C. iii.

CHAPITRE III.

DROIT INTERMÉDIAIRE.

12. Dans les premiers siècles de Rome, il n'y avait qu'une sorte de propriété, le *dominium ex jure quiritium :* on était donc alors propriétaire d'après le droit civil, c'est-à-dire, *dominus rei*, ou on ne l'était d'aucune manière (1). La propriété avait même revêtu comme la loi elle-même un caractère symbolique et formaliste. Il fallait pour la transférer ou l'acquérir employer les formes solennelles de la *mancipatio* et de la *cessio in jure :* la tradition n'avait été réservée qu'aux choses dont l'importance moindre et l'usage quotidien exigeaient la célérité et la simplicité dans les formes. De là vient la fameuse division en *res mancipi* et en *res non mancipi*. Il est facile de voir, d'après cet exposé sommaire, à quoi servait dès lors l'usucapion. Elle était employée dans le cas de tradition *a non domino* d'une chose *nec mancipi*, et dans celui de la simple tradition *a domino* d'une chose *mancipi,* comme moyen de produire ce que n'avait pas produit la vente elle-même, c'est-à-dire la transmission à l'acquéreur du domaine quiritaire.

13. De plus, des principes mêmes de l'usucapion, il résulte qu'elle devait rester étrangère à l'extinction des obligations qui pouvaient grever la personne ou

(1) Gaïus, II, § 40.

la chose. Elle était donc impuissante à faire disparaître les hypothèques qui pesaient sur la chose usucapée. L'usucapion transférait la propriété telle qu'elle était aux mains de l'ancien propriétaire, et celui qui par deux ans avait usucapé l'immeuble n'avait rien changé aux droits réels qui l'affectaient.

14. Mais tout cela devint, avec le temps, trop rigoureux et trop restreint. Jadis les étrangers ne pouvaient jamais, aux yeux de la loi civile, être réputés propriétaires, car ils n'auraient pu prononcer les paroles solennelles : *Nunc rem ex jure quiritium meam esse aio*. Mais leur condition avait changé ; il n'y avait plus, comme autrefois, un peuple privilégié, fier de son nom de romain, et posant autour de ses coutumes et de ses droits des barrières infranchissables aux autres peuples qu'il regardait comme ennemis, avant de les considérer comme sujets. Les relations commerciales s'étaient étendues ; l'étranger n'était plus *hostis*, il était devenu *peregrinus*. Les mots changeaient avec les choses. La loi romaine avait fractionné pour lui l'ensemble de ses droits et lui donnait soit le *jus suffragii*, soit le *jus commercii*, soit le *jus connubii*, selon les circonstances. Les citoyens eux-mêmes souffraient de la lenteur et de la multiplicité des formes, et les préteurs, interprétant la loi au point de vue pratique, effaçaient peu à peu les différences que l'ancien droit avait mises entre les *cives* et les *peregrini*. On n'attaqua pas directement la loi des XII Tables, mais on satisfit par des moyens détournés aux exigences de la situation nouvelle.

15. Les provinces s'étaient établies par les conquêtes, et la possession des fonds provinciaux dut être protégée. Il ne pouvait être question de propriété, au moins quant aux immeubles (1). Le détenteur des *prædia vectigalia vel stipendiaria* n'était qu'un détenteur précaire, relevant du peuple romain, propriétaire perpétuel. Les lois agraires avaient soulevé des dissensions, non qu'on contestât le domaine éminent du peuple romain, mais parce que la longue possession des tenanciers et les travaux qu'ils avaient faits semblaient devoir être pris en sérieuse consi-dération.

16. Le préteur commença de protéger par son moyen ordinaire, l'exception (2), la possession d'une chose *mancipi* livrée par le propriétaire, et qui sans ce secours serait restée soumise à la revendication du vendeur demeuré *dominus ex jure Quiritium*. Puis les interdits assurèrent cette possession à l'égard des tiers quand elle n'avait été obtenue *nec clam, nec vi, nec precario* (3). Peu à peu le domaine pérégrin se plaça en face du domaine quiritaire et, à l'aide de la législation spéciale de l'édit, devint une sorte de propriété particulière, comportant les modes ordinaires d'acquisition et de transmission, mais avec des formes plus simples. Le droit se subdivisa, et quand le *medium jus Quiritium* fut d'un côté, le pos-

---

(1) Pellat. prop. et usuf. Introd., § 44.

(2) L. 1 D., 21, 3.

(3) Ulp. frag. vind. ex lib., 11, 6. — Gaius, IV, 139. — Inst., IV, tit. 15.

sesseur eut la chose *in bonis* (1), l'un perdant toujours de plus en plus et l'autre acquérant sans cesse jusqu'à l'accomplissement de l'usucapion (2). Le *nudum jus Quiritium* conférait à celui qui l'avait conservé l'*actio in rem civilis* qui restait efficace contre les tiers, mais que le possesseur qui avait la chose *in bonis* paralysait par l'exception ou la réplique de garantie.

17. Enfin, comme il fallait non-seulement protéger celui qui avait la chose *in bonis* contre la revendication du *dominus*, mais lui donner encore le moyen de poursuivre sa chose passée sans droit aux mains des tiers, on admit pour lui une action qui sans doute ne pouvait être ni la *rei vindicatio* (3), ni la *formula petitoria*, car toutes deux contiennent une *intentio civilis*, mais l'action publicienne *fictitia* (4). Il fallait bien que ce fût l'action publicienne étendue, puisque dans le principe elle n'avait été inventée qu'en vue d'un possesseur en voie d'usucaper, tandis que le possesseur des provinces n'avait jamais le bénéfice de l'usucapion.

18. Une action réelle prétorienne avait aussi été donnée au possesseur d'un fonds provincial, quand il le tenait d'un vendeur qui n'en avait pas même la propriété bonitaire; mais il faut reconnaître, conformément à la loi 10 D., 8, 5, et à la loi 8, C. 7,

---

(1) Gaius, ii, § 40.
(2) Gaius, i, 167. — Ulp. reg., i, 16, xi, 19.
(3) L. 23 D., 6, 1.
(4) Pellat, Prop. et usuf. Int., p. 37.

39, *in fine*, que cette action ne compétait au possesseur qu'après une possession de 10 ou 20 ans. Quelle était cette action prétorienne? En quoi différait-elle de l'*actio in rem publiciana ?* Les textes sont insuffisants pour répondre à cette question.

19. Quoi qu'il en soit, avant l'introduction de cette action réelle, les fonds provinciaux n'étaient, paraîtrait-il, protégés que par des interdits, bien qu'on ait prétendu faire résulter le contraire d'un passage de Simplicius (ou plutôt d'Aggérius Urbicus) conservé dans les *Rei Agrariæ scriptores* (1).

20. En cet état du droit, l'usucapion et la prescription, le droit civil et l'institution prétorienne se trouvaient donc en présence avec leurs caractères et leurs effets différents. La prescription, œuvre d'équité, avait exigé un temps plus long pour l'acquisition de la propriété : aussi l'appelait-on *longi temporis*. Elle ne faisait pas, comme l'usucapion, acquérir le domaine quiritaire; seulement elle paralysait la revendication du propriétaire qui avait conservé le *nudum jus Quiritium*, et maintenait la chose *in bonis possessoris*, repoussant ainsi l'action de quiconque prétendait un droit réel sur l'immeuble. Enfin elle embrassait aussi bien les choses *mancipi* que celles *non mancipi*, et elle avait une sérieuse utilité même quand il s'agissait de fonds italiques, en ce sens qu'elle faisait acquérir la propriété non pas grevée de toutes les charges des propriétaires antérieurs,

(1) Pellat. Prop. et usuf. Int. , p. 44.

comme cela avait lieu en cas d'usucapion, mais libre de tous les droits réels précédemment constitués (1).

21. Confondue avec l'exception dans les derniers temps, elle s'en distinguait à l'origine. C'était une mention mise en tête de la formule (*præ scribere*) donnée par le préteur, dispensant le juge de statuer au fond et ne l'astreignant qu'à vérifier le fait énoncé dans le début de la formule. En admettant, ce qui paraît assez vraisemblable, que dans la revendication d'un propriétaire contre un possesseur de 10 ou 20 ans, elle se résumât dans ces termes : *Ea res agatur cujus non est possessio longi temporis*, il résultait que le juge vérifiait tout d'abord le laps de temps écoulé depuis l'entrée en possession, et si les 10 ou 20 ans étaient effectivement révolus, le juge n'allait pas plus loin et maintenait cette possession consolidée par le temps. L'exception au contraire, par la place même qu'elle occupait dans la formule, n'était examinée qu'après le fond même du débat (2).

22. Plus tard, les prescriptions devinrent des espèces d'exceptions, et Gaius nous apprend que déjà, de son temps, c'était sous cette dernière forme qu'intervenaient dans le procès les prescriptions introduites dans l'intérêt du défendeur (3). Après Gaius, les distinctions disparaissent, et le Digeste

---

(1). L. 44, § 5, D., 41, 3.
(2) Gaius, IV, 116 et suiv.
(3) Gaius, IV, 133.

confond les deux choses sous la même rubrique : *De præscriptionibus seu exceptionibus* (1).

CHAPITRE IV.

LÉGISLATION DE JUSTINIEN.

23. A mesure que le droit des gens, favorisé par les innovations prétoriennes, empiétait sur le droit civil, les vieilles distinctions, le *jus Quiritium* et l'*in bonis*, disparaissaient. La division des choses en *mancipi* et *nec mancipi* n'existait plus, et l'usucapion n'avait plus dès lors à produire qu'un seul effet, celui de transférer la propriété à celui qui n'avait pas acheté du véritable propriétaire. La prescription au contraire se généralisait de plus en plus.

24. Justinien fondit en un seul les deux moyens d'acquérir la propriété par la possession. Il prit à l'usucapion son principal effet, celui de transférer le domaine civil, et il emprunta à la prescription le délai de trois ans pour les meubles et de dix ou vingt ans pour les immeubles. Le délai était de dix ans entre présents et de vingt ans entre absents. Il y avait présence lorsque le propriétaire et le possesseur habitaient la même province, et absence dans le cas contraire, sans qu'il y eût jamais lieu de tenir compte de la situation de l'immeuble. L'absence avait donné lieu, il est vrai, à certaines difficultés ;

(1) D. 44, 1.

mais Justinien les résout dans une de ses constitutions (1). Enfin, s'il y avait eu en partie absence et en partie présence pendant le cours de l'usucapion, le délai se supputait en comptant deux jours d'absence comme ne valant qu'un jour de présence (2), car le délai se comptait par jours et non par heures (3).

25. Enfin, l'usucapion confondue avec la prescription prit de cette dernière l'effet d'éteindre les droits réels de l'immeuble et de transmettre au possesseur la propriété libre et dégrevée. Le droit fut dès lors le même pour tout l'empire, et nulle différence n'exista plus entre les provinces et l'Italie.

CHAPITRE V.

DES ÉLÉMENTS CONSTITUTIFS DE L'USUCAPION ET DE LA PRESCRIPTION.

26. Voyons maintenant quelles sont les différentes qualités qui doivent se réunir sur la tête du possesseur pour le rendre habile à l'usucapion. Les textes indiquent trois éléments importants. D'abord il est nécessaire d'avoir une possession *civile*, conforme au droit et qui se continue pendant le délai voulu : en un mot, une *justa possessio per tempus lege definitum continuata.* Il faut ensuite un juste titre et la

(1) L. 12 C. 7, 33.
(2) Nov. 119, ch. 8.
(3) L. 7 D., 41, 3.

bonne foi. Nous allons examiner séparément chacun de ces trois éléments constitutifs.

De la possession.

27. Dans toute possession, il faut supposer d'abord un objet, un *corpus* auquel elle s'applique et sur lequel elle s'exerce : puis une volonté d'user de cette chose corporelle et d'en user comme *dominus rei.* Ce sont ces principes que consacrent les anciens textes quand ils disent qu'on acquiert la possession *corpore* et *animo* (1). Il y a deux sortes de possession, la possession naturelle (2) et la possession civile (3). Cette dernière seule mène à l'usucapion. La possession peut être *justa* ou *injusta* : elle est *justa* quand elle a commencé d'une manière licite ; elle est *injusta* quand on y rencontre les trois vices ordinaires, la clandestinité, la violence et la détention précaire (4).

28. La possession doit porter sur tout le *corpus,* car on ne peut posséder une partie indéterminée d'un tout (5). Celui qui possède un tout n'en pos-

---

(1) Loi 3, § 1, D., 41, 2. — Paul. sent., 5, 2, § 1.
(2) Loi 12 D., 41, 2.
(3) Loi 3, § 2, D., 41, 2.
(4) Loi 6 pr. et § 1, D., 41, 2. — Loi 1, § 9, D., 43, 17. — Loi 2, D., id.
(5) De Savigny, *Traité de la Poss.*

sède pas séparément les parties. Si, avant l'usucapion du tout, une partie cesse d'être possédée, l'usucapion ne prendra naissance sur la partie séparée que par une possession nouvelle. Si, au contraire, avant la séparation de la partie, le tout avait été usucapé, la propriété survit à la séparation (1).

29. Voilà sous quelles conditions générales se présente la possession utile pour l'usucapion. Il faut de plus que cette possession ait été continuée pendant le temps requis par le droit. *Usucapio*, dit Modestinus, *est adeptio dominii per continuationem temporis lege definiti* (2). Voyons maintenant sous quelles modifications diverses peut se présenter cette continuation de possession exigée.

§ 1er. Des accessions de possession.

30. Il n'est pas nécessaire que celui qui usucape ou prescrit par long temps, possède lui-même pendant tout le délai. Il est permis aux successeurs de joindre à leur possession celle commencée par leur auteur. *Hæres et hæreditas, tametsi duas appellationes recipiunt, unius personæ tamen vice funguntur* (3). Javolenus nous donne ainsi la raison qui avait fait admettre les jonctions de possession. L'héritier continue la possession du défunt et même celle qui n'a pas immédiatement précédé la mort, pourvu qu'il

(1) Loi 3 , § 2 ; Loi 26 D., 41, 2. — Loi 32, § 2, D., 41, 3.
(2) Loi 1 D. , 41, 3.
(3) Loi 22 D., 41, 3.

n'y ait eu entre cette possession première et celle de l'héritier aucune possession intérimaire (1). Mais il y a des distinctions à faire entre les successeurs universels et les successeurs à titre particulier.

31. *Successeurs universels.* — Les successeurs universels, en qualité de représentant de la personne même du défunt, ne peuvent qu'accepter sans la diviser ni la modifier la possession du *de cujus* (2). Il n'y a donc à considérer qu'une seule possession, celle du défunt; si elle suffit à l'usucapion, l'héritier, même de mauvaise foi, prescrira comme le défunt eût prescrit lui-même (3). Réciproquement, la bonne foi de l'héritier ne lui servira pas si son auteur n'a eu et n'a pu avoir qu'une possession vicieuse. Ce principe consacré d'abord par Papinien (4) fut reproduit dans les constitutions impériales (5). Mais si le défunt n'avait trouvé d'obstacle que dans la qualité de la chose elle-même, par exemple, si elle avait été volée, et qu'au temps de la possession de l'héritier le vice eût été purgé, l'héritier pourra dans ce cas usucaper valablement par lui-même (6). L'héritier de l'héritier jouira des mêmes avantages et dans les mêmes limites, car, dit

(1) Loi 20 D., 41, 3.
(2) L. 59 D., 50, 18.
(3) Loi 2, § 19, D., 44, 4. — Loi 3, § 2, D., 43, 19.
(4) Loi 2 pr. D., 44, 3.
(5) L. 2 C., 7, 32.
(6) L. 21 D., 41, 3.

Ulpien, *hœredis appellatio non solum ad proximum hœredem sed ad ulteriores refertur* (1).

32. *Successeurs à titre particulier.* — Les successeurs à titre particulier avaient acquis, à dater de la constitution de Sévère, le bénéfice de l'accession de possession dans la *prescriptio longi temporis* (2). C'est même de cette constitution de Sévère qu'il est question dans la loi **76**, § **1**, au Digeste, livre **18**, tit. **1**. On a cru devoir conclure des mots : *Et usucapionibus*, du § **12** du titre **6** du livre **2** des Instituts, que Justinien avait étendu à l'usucapion ce bénéfice d'accession. Mais il est plus vrai peut être de dire que Justinien n'a fait que rappeler ici un droit qui, avant lui, était déjà commun à l'usucapion et à la prescription *longi temporis* (3). A moins toutefois, comme le pense M. Ortolan (4) et comme le pensait avant lui Vinnius, que Justinien ne parle ici que de l'usucapion transformée qu'il avait établie et non de l'ancienne usucapion.

33. Quoi qu'il en soit, il est incontestable que le vendeur peut, sous Justinien, user de la possession de son acheteur (5), et même, dans le cas d'une condition résolutoire, l'acheteur peut joindre à la sienne la possession du vendeur (6). Il en sera de

---

(1) L. 65 D., 50, 18.
(2) Inst., L. ii, tit. vi, § 13.
(3) Lois 45, 43 D., 41, 3.
(4) Ortolan. Inst. comm. hoc tit.
(5) Loi 13, § 2, D., 41, 2.
(6) Loi 19 D., 41, 3.

même lorsque l'acquisition se sera primitivement faite à titre gratuit. Le donataire joindra donc à sa possession celle du donateur (1) et le légataire celle du testateur (2). Ce dernier joindra même à la possession du testateur la possession de l'héritier dans le cas d'un legs fait sous condition, de sorte que, pendant le temps qui s'écoulera jusqu'à l'accomplissement de cette condition, la possession de l'héritier profitera au légataire (3).

34. Mais il existe des différences importantes entre ce droit de jonction des successeurs particuliers et celui des successeurs universels dont nous avons parlé plus haut. Séparés de l'*auctor*, et n'ayant pas à continuer sa personne, ils ne continuent pas forcément sa possession, qui, leur demeurant étrangère, peut, sans leur nuire, avoir été vicieuse *ab initio* (4). Tout dépend donc du parti qu'ils vont prendre ; si la possession de leur auteur est entachée de quelque vice, ils usucaperont séparément : sinon, ils joindront dans leur intérêt les deux possessions successives. Mais pour que cette option soit possible, il est besoin de diverses conditions.

35. Il faut d'abord que le successeur à titre particulier possède par lui-même (5). Il faut ensuite que son auteur ait été dans toutes les conditions re-

---

(1) Loi 13, § 11, D., 41, 3.
(2) Loi 14, § 1, D., ibid.
(3) Loi 13, § 10, D., ibid.
(4) Loi 5 D., 44, 3.
(5) Loi 16 D., 44, 3. — Loi 13, § 12, D., 41, 2.

quises pour l'usucapion (1). Mais cette incapacité de
prescrire née dans la personne de l'auteur n'empêche-
rait pas le successeur à titre particulier de commencer
lui-même l'usucapion, et c'est là la profonde différence
qui sépare les ayants causes particuliers des ayants
causes universels (2). Enfin, il est nécessaire qu'il n'y
ait eu aucune interruption et aucune intermittence
entre la possession de l'auteur et celle du successeur
particulier. De plus, ce dernier pourra se prévaloir,
non-seulement de la possession de son auteur immé-
diat, mais aussi de celle de ses auteurs précédents (3).

§ 2. Des interruptions de possession.

36. La possession doit en outre avoir été continue ; si elle vient à être interrompue, elle n'est plus
apte à fonder la prescription. Or, l'interruption peut
se produire de deux manières, naturellement ou ci-
vilement ; dans les deux cas, elle prend le nom
d'*usurpatio* (4).

37. *De l'interruption naturelle.* — L'interruption
naturelle peut exister, soit par le fait même du possesseur, soit malgré lui. L'interruption vient du possesseur quand il délaisse ou qu'il livre à un autre
dans l'intention de perdre sa possession. En outre,

(1) Loi 37 D., 19, 1. — Loi 13, § 1, D., 41, 2. — Loi 5 D.,
44, 3.
(2) Loi uniq. C., 7, 31.
(3) L. 15, § 1, D., 44, 3, — L. 6, § 1, ibid. — L. 19 D., 41, 3.
(4) L. 2 D., 41, 3.

quand un possesseur, après avoir commencé l'usucapion de la chose d'autrui, transmet cette chose au
véritable propriétaire à titre de gage, de vente ou de
louage, l'usucapion, qui continuerait si la remise
avait été faite à tout autre que le propriétaire, se
trouve par le fait interrompue (1). Il serait, en effet,
absurde de penser que le propriétaire d'une chose
puisse, en la recevant d'autrui à titre précaire,
faire servir sa propre possession à une usucapion contraire, à son droit de propriété (2). L'interruption n'aurait pas lieu, au contraire, si le possesseur consentait sur la chose une hypothèque au
profit du vrai maître, car il est de principe que,
dans ce cas, la possession reste aux mains du cons-
tituant (3). Point d'interruption encore si le débiteur,
après avoir donné à son créancier la chose d'autrui,
la reprend de lui à titre de précaire ; car bien que,
suivant la loi 37 au Digeste, 41, 2, le créancier conserve la possession du chef de son débiteur, il ne
faut entendre par cette possession que celle qui résulte de la tradition, et non pas la possession civile
qui sert à l'usucapion et qui reste sur la tête du débiteur (4).

38. Le possesseur perd, au contraire, la possession malgré lui quand il a été expulsé de force de

(1) L. 33, § 4, D., 41, 3.
(2) L. 45 D., 50, 17.
(3) L. 33, § 5, D., 41, 3.
(4) L. 33, § 4, *in fine*, D., 41, 3. — V. aussi L. 1, § 15, D.,
41, 2. — L. 37 D., 13, 7.

l'immeuble, ou que l'objet mobilier (1) lui a été
volé. Dans ce cas l'usucapion est prohibée, non-seulement à l'égard du voleur, mais à l'égard de quiconque la possédera après lui (2). Il en est de même
quand la chose mobilière est dans un lieu que nous
ignorons (3), ou auquel il est impossible d'atteindre (4).

39. Le possesseur peut aussi perdre son droit
dans la personne de ceux qui le représentent, par
exemple, lorsqu'ils refusent de lui restituer la possession de façon à le faire considérer comme *vi dejectus* (5), ou lorsqu'ils détournent frauduleusement la
chose qu'ils tiennent de lui (6). La possession est
encore perdue et l'usucapion s'interrompra si le représentant est forcé par un tiers d'abandonner l'objet
qu'il possède (7). Mais si le représentant abandonne
frauduleusement la chose pour en faciliter la prise de
possession par autrui, la question de savoir si le représenté avait perdu la possession était controversée
dans l'ancien droit. Mais Justinien, par une constitution insérée au Code, L. 7, t. 32, décide que dans
ce cas il conservera la possession et que l'usucapion
ne sera pas interrompue.

---

(1) Gaius, ii, 49.
(2) L. 5 D., 41, 3.
(3) L. 25, L. 3, § 13, *in fine.* — L. 44 pr. D., 41, 2.
(4) L. 10 pr., L. 3, § 14 et 15, D., 41, 2.
(5) L. 10, *in fine; L.* 1, § 9; L. 12; L. 18 pr. D., 43, 16.
(6) L. 3, § 18, D., 41, 2.
(7) L. 1, § 2, D., 41, 2.

40. *De l'interruption civile*. — La *litis contestatio* est le moyen civil d'interrompre la possession et par suite l'usucapion. Mais, à propos de cette interruption civile, il est bon de remarquer une profonde différence dans l'ancien droit entre l'usucapion et la prescription de long temps. La dernière seule s'interrompait par la *litis contestatio* (1). En effet, bien qu'autrefois il ne fallut qu'une *litis contestatio* ou même un débat soulevé pour que le possesseur commençât à être réputé de mauvaise foi (2), il ne s'en suivait pas une interruption immédiate de l'usucapion, car la bonne foi se trouvait avoir existé *ab initio possessionis*, et c'était tout ce qu'exigeait le droit. Plus tard, quand Justinien eut assimilé l'usucapion à la prescription de long temps, il supprima cet effet de l'usucapion, comme cela résulte des termes mêmes de sa constitution : « *Ampliatur quidem*, dit-il, *longi temporis materia quæ ei subdita est, minuitur autem usucapionum compendiosa dominis jactura et ejus jura nocentia* (3). » Les *jura nocentia* de l'usucapion, dont parle ici Justinien, ne peuvent en effet se rapporter qu'à ce préjudice injuste causé au propriétaire, que la perte de sa possession frappait au moment même où par son action en justice il avait cessé d'être négligent.

41. La question de savoir si la *litis contestatio* était

(1) L. 2 et 10 C., 7, 23 — L. 2, *in fine*, D., 41, 4.
(2) L. 25, § 7, D., 5, 3.
(3) L. unic. C., 7, 21.

encore interruptive au temps de Justinien a été fort débattue. Quoi qu'il en soit, il résulte de la loi 2 au Code, **7, 40**, que toutes les fois que, par suite de l'absence, de la minorité, ou de la démence du possesseur, le propriétaire n'a pas pu intenter d'action, il a le droit d'interrompre l'usucapion par une requête (*libellus*) présentée au *præses provinciæ*, à l'évêque ou au défenseur de la cité, ou, à défaut de ces personnes, affichée avec certaines formalités spéciales. Cette loi ne porte pas de date, il est vrai, mais il paraît probable qu'elle a été portée après la transformation de l'usucapion par Justinien ; cette opinion s'appuie des propres expressions de la loi : *Et hoc sufficere ad omnem temporalem interruptionem, sive* TRIENNII*, sive longi temporis, sive triginta vel quadraginta annorum sit.* Mais il est à remarquer que l'interruption par requête n'a d'effet qu'à l'égard de ceux qui ont été parties au procès (1). C'est ainsi que toute personne, autre que l'héritier du possesseur et à laquelle le possesseur aura transmis la chose *post motam et omissam quæstionem*, pourra, si elle est de bonne foi, prescrire en ne joignant pas toutefois la possession de son auteur à la sienne (2).

42. S'il est vrai que la requête produise des effets interruptifs, il n'est pas moins vrai que ces effets sont refusés au simple acte extrajudiciaire ; ainsi une

(1) L. 3, § 3, D., 12, 2.
(2) L. 1 C., 7, 25.

défense de rien faire sur le fonds, signifiée au possesseur par le propriétaire, ne serait pas suffisante pour
interrompre l'usucapion (1).

§ 3. Des interversions de possession.

43. La possession une fois acquise, à n'importe
quel titre, doit toujours rester la même; c'est ce que
les jurisconsultes romains exprimaient par cette règle :
causam possessionis neminem sibi mutare posse (2).
Par les mots *causa possessionis*, les Romains dési-
gnaient le titre qui servait de fondement à l'usucapion : disons donc que personne ne peut changer le
titre en vertu duquel il possède. La règle que nous
venons de citer a été trop célèbre et a passé trop
complétement dans notre droit pour que nous n'en
recherchions pas l'origine.

44. Il existait en droit romain une usucapion particulière, *l'usucapio pro hærede*, dont il a déjà été
question : elle n'exigeait que le fait accompagné de
la volonté. Dans ce cas spécial, la mauvaise foi ne
nuisait jamais au possesseur (3). Introduite d'abord
dans un intérêt politique et religieux (4), elle fut
bientôt regardée comme exorbitante et dangereuse :
aussi les jurisconsultes cherchèrent-ils à la restreindre. L'observation des faits les amena à reconnaître

(1) L. 13 D., 41, 4. — L. 3 C., 7, 29.
(2) L. 1, § 1, D., 41, 5.
(3) Gaïus, ii, 52.
(4) Gaïus, ii, 55.

deux sortes de possesseurs *pro hærede*, les uns ayant appréhendé la chose sans l'avoir jamais eue antérieurement à leur disposition, les autres essayant, à cause des délais plus courts d'usucapion, de détenir *pro hærede* ce qu'ils détenaient précédemment à un autre titre. Les jurisconsultes en majorité *(vulgo respondetur)* (1) décidèrent que les possesseurs de la seconde espèce ne pourraient en aucun cas se départir du titre primordial pour en prendre un autre plus favorable. Ils établirent sa maxime : *neminem sibi causam possessionis mutare posse* comme seul moyen d'empêcher cette intervention de possession, qui, sans cette règle, aurait toujours été fondée à s'établir, puisque le titre de cette usucapion ne dépendait que de la volonté du possesseur. Ce qui décide à admettre cette explication des origines de cette règle, ce sont les expressions des textes. Gaius appelait cette usucapion *lucrativa* (2), et Julien en posant le principe de non interversion se sert des mots *lucri faciendi causa* (3). Dans le principe, la règle ne s'appliqua qu'au changement d'une possession en une autre plus avantageuse, en ce sens qu'elle se fondait sur un titre différent ; mais, plus tard, elle s'étendit au cas où le possesseur changeait une détention précaire en possession véritable (4).

45. Cette impossibilité de mettre une autre posses-

(1) L. 1 D., 41, 5.
(2) Gaius, II, 52.
(3) L. 33, § 1, 41, 3. — L. 2, § 1, 41, 5.
(4) L. 3, § 20, 41, 2.

sion à la place de la possession primitive nous explique
plusieurs exemples cités par les jurisconsultes romains. Ainsi c'est en vertu de cette règle que le fils
à qui son père avait fait une donation ne pouvait pas
usucaper *pro hœrede* après la mort du donateur, et,
s'il était institué pour partie, ne pouvait pas étendre
son usucapion aux parts que ses cohéritiers avaient
dans la chose qui avait fait l'objet de la donation paternelle (1). Car, après avoir eu, durant la vie de
son père, une possession purement naturelle, il n'avait
pas le droit de la métamorphoser à son gré en possession civile. *Quod vulgo respondetur*, dit Julien, *causam possessionis neminem sibi mutare posse, sic acci-
piendum est ut possessio non solum civilis sed etiam
naturalis intelligatur* (2).

46. Ce n'est pas qu'en fait le possesseur ne puisse
changer sa possession (3) en détournant la chose, ou
en refusant de restituer un commodat (4), ou bien
encore en repoussant violemment le propriétaire ou
son ayant cause (5) ; mais cela, tout en modifiant sa
possession, de façon à le faire considérer soit comme
voleur, soit comme possesseur de mauvaise foi, soit
comme soumis à l'interdit *unde vi*, ne pourra jamais
lui permettre d'usucaper. Il est en outre des cas où les
interversions n'ont rien d'illicite et ne tombent pas

(1) L. 2, *in fine*, D., 41, 5.
(2) L. 2, § 1, ibid.
(3) L. 19, § 1, D., 41, 2.
(4) L. 3, § 18, D., 41, 2. — L. 47, ibid.
(5) L. 12 et 18 D., 43, 16.

sous l'application de la règle générale ; ainsi le possesseur peut conserver comme détenteur précaire la chose qu'il avait d'abord possédée *animo domini* : c'est ce qui arrive dans le cas du constitut possessoire (1). Dans ce cas, en effet, il ne change pas son titre de possession : il fait plus, il cesse de posséder, puisqu'il consent à posséder désormais au profit d'un autre (2).

Du juste titre et de la bonne foi.

47. Le juste titre ou la *justa causa* est un fait qui dépend de celui qui veut acquérir, c'est la croyance où il est qu'il a été rendu véritablement propriétaire par le contrat.

48. Cette croyance peut être erronée, et, comme dans cette circonstance, c'est un fait qui ne peut lui être étranger, on a introduit la maxime : *Error falsæ causæ usucapionem non parit.* Mais cette maxime est loin d'avoir la portée absolue qui ferait supposer la généralité des termes. Dès l'origine, on discuta longuement cette règle. Les uns, comme Celsus, cité par Ulpien (3), comme Julien (4), s'en tenaient à la stricte interprétation. D'autres, tels que

(1) L. 77 D., 6, 1.
(2) L. 18 pr., 41, 2.
(3) L. 27 D., 41, 3.
(4) L. 6 D., 41, 7.

Noratius (1), Africanus (2) et Proculus (3), ne vou-
laient pas aller si loin et limitaient l'application de la
règle aux cas où l'erreur était tout à fait inexcusable,
comme dans l'exemple donné par Justinien au titre
VI, § 11, du livre II de ses Institutes. D'autres enfin
se démentent eux-mêmes et donnent des décisions
opposées sur cette question. Paul et Papinien semblent
être de l'opinion de Celsus et d'Ulpien; le 1er dans
les lois 48 p. D., 41, 3, et 2 pr. D., 41, 4; le 2e
dans la loi 3 D., 41, 8, puis ils reviennent à la
seconde opinion : Paul dans la loi 13, § 1, D., 41, 3,
et Papinien dans les *Fragmenta vaticana*, § 296. Cependant ces textes contraires peuvent s'expliquer par
des interpolations : et l'opinion la moins rigoureuse a
fini par prévaloir. Ainsi l'usucapion n'avait pas lieu
si l'erreur était inexplicable, mais elle poursuivait son
cours quand l'erreur, au lieu de porter sur un fait
personnel, portait sur le fait d'autrui (4). Mais, bien
entendu, l'erreur dont il s'agit ne peut être qu'une
erreur de fait, car une erreur de droit ne peut jamais
servir de fondement à une usucapion (5). Nous en
voyons des exemples dans la loi 8 C., 7, 33, dans la
loi 24 D., 24, 1, et dans la loi 12 D., 41, 3.

49. Il y a autant de justes titres que de modes
d'acquérir, et Paul en cite un grand nombre dans la

---

(1) L. 5, § 1, D., 41, 10. — L. 3 D., ibid.
(2) L. 11 D., 41, 4.
(3) L. 67 D., 23, 3.
(4) L. 11 D., 41, 4.
(5) L. 3, § 21, D., 41, 2.

loi 3, § 21, D., 41, 2. Il y avait d'abord *l'usucapio pro hœrede*. C'était, comme je l'ai dit plus haut, un moyen d'acquérir par un an de possession tout meuble ou immeuble appartenant à une hérédité sans qu'on eût à se préocuper des questions de bonne ou de mauvaise foi. Cette usucapion avait en outre pour but de donner au *bonorum possessor* du droit prétorien le moyen de devenir propriétaire quiritaire par une possession annale. Mais le sénatusconsulte d'Adrien restreignit le premier de ces deux effets de l'usucapion : quant au second, il n'avait presque plus d'application au temps de Justinien, puisqu'à cette époque il n'y avait plus qu'une sorte de propriété. Cependant, même sous Justinien, cette usucapion appartenait encore à l'héritier qui possédait comme héréditaire une chose qui ne l'était pas (1), ou bien encore à celui qui se regardait comme héritier et qui, sans avoir de faute à se reprocher, possédait à ce titre les choses de la succession (2).

50. On usucapait encore *pro emptore* lorsqu'on croyait tenir la chose du vrai propriétaire, mais il fallait que la bonne foi existât au moment de la vente et au moment de la tradition (3). On usucapait *pro donato* la chose transmise par une donation nulle; *pro dote*, la chose d'autrui reçue en dot; *pro soluto* quand un débiteur livrait en paiement une chose pour une

(1) L. 3 D., 41, 5.
(2) L. 33, § 1, D., 41, 3.
(3) L. 48 D., 41, 3.

autre (1), ou quand il exécutait une obligation qu'il croyait à tort avoir contractée, pourvu que cette obligation procédât de tout autre contrat que du contrat de vente. Quant à l'usucapion *pro derelicto*, il est à remarquer que la chose abandonnée qui en fait l'objet doit l'avoir été par le non propriétaire : car, si elle avait été délaissée par le véritable maître, la propriété serait acquise instantanément à l'occupant et l'usucapion serait superflue.

51. *De la bonne foi.* — La bonne foi était aussi requise pour l'usucapion. Elle se distingue du juste titre, quoi qu'en aient pensé de savants auteurs, par deux différences : d'abord, dans le juste titre, la croyance est toute personnelle à celui qui usucape, tandis que dans la *bona fides* la croyance porte précisément sur celui avec lequel on a contracté. En second lieu, le *justus titulus* consiste à croire que l'on est réellement devenu propriétaire ; la bonne foi consiste à penser que l'auteur était réellement capable d'aliéner la chose reçue de lui. *Bonæ fidei emptor videtur*, dit Modestinus, *qui ignoravit rem alienam esse aut putavit eum qui vendidit* JUS VENDENDI *habere* (2).

52. Du reste, ce qui prouve bien la différence qui doit exister entre le *justus titulus* et la *bona fides*, c'est que la bonne foi n'est exigée que dans le cas où l'on reçoit la chose *a non domino*, tandis que le

---

(1) L. 46 D., 41, 3.
(2) L. 109 D., 50, 17. — Gaius, II, 43.

juste titre qui motive la tradition et qui montre qu'elle a été faite dans l'intention de transférer la propriété est requis aussi bien dans l'usucapion d'une chose *mancipi* livrée *a domino* que dans la livraison d'une chose *mancipi* ou *nec mancipi* par un non propriétaire (1). Ce qui le prouve encore, c'est que celui qui veut invoquer l'usucapion doit prouver son *justus titulus*, mais non sa *bona fides*. S'il a été de mauvaise foi, c'est à son adversaire à le prouver (2).

53. L'erreur peut encore exister ici comme dans la *justa causa :* mais comme elle porte sur un fait étranger à la personne de celui qui usucape, aucune controverse ne s'était élevée. Tout ce qu'on demandait, c'était que l'erreur portât sur un fait, l'erreur de droit ne profitant à personne. Si donc on traite avec un pupille dans la croyance qu'il est capable d'aliéner sans autorisation du tuteur, on tombe dans une erreur de droit et l'usucapion n'a pas lieu (3) : si, au contraire, on ne se trompe que sur l'âge de ce pupille, on commet une erreur de fait qui ne met aucun obstacle à l'usucapion (4).

54. Au reste, la bonne foi n'est exigée qu'au mo-

---

(1) Gaius, II, 20. — Inst., II, 1, § 35, 40.

(2) Pellat, prop. et usuf. — L. 51, D., 17, 2. — V. aussi L. penult., C. 7, 24. — Dans cette dernière loi, la preuve n'est pas imposée au possesseur au point de vue de sa bonne foi, mais seulement en ce qui concerne le délai de la possession.

(3) L. 12 et 31 D., 41, 3.

(4) L. 2, § 15, D., 41, 4. — L. 9, § 2 et 6, D., 22, 6.

ment où la possession commence, parce que c'est
à ce moment seulement que l'on fût devenu propriétaire si le vice n'eût pas existé dans le contrat (1).

CHAPITRE VI.

DES CHOSES NON SUSCEPTIBLES D'USUCAPION.

55. Le but de l'usucapion est de conduire à la
propriété ; il faut donc nécessairement admettre
qu'elle ne s'applique pas aux choses dont il est impossible d'être propriétaire. Ainsi l'usucapion ne
peut exister :

Pour les choses sacrées, c'est-à-dire consacrées
aux dieux supérieurs (Gaius, com. II, § 4) ;

Pour les choses religieuses, c'est-à-dire consacrées
aux dieux inférieurs (Id.) ;

Pour les choses saintes, choses auxquelles les
rites religieux avaient donné un caractère d'invio-
labilité garanti par une sanction capitale (Inst. Just.,
L. II, t. VI, § 7).

Il y avait encore des choses non susceptibles
d'usucapion soit par leur nature même, soit par un
privilège inhérent à la personne du propriétaire.

SECTION PREMIÈRE.

Privilège résultant de la chose.

56. La loi Julia prohibait l'usucapion du fonds do-

(1) L. 15, § 3 ; L. 43 pr.; L. 48 D., 41, 3.

tal passé aux mains d'un tiers, quand cette usucapion était postérieure à la constitution de dot ; mais
si elle était antérieure, elle continuait pendant le
mariage. (V. L. 16 D., 23, 5.)

La prohibition qui, d'après la loi des XII tables
et la loi Atinia, frappait les choses entachées de vol,
s'était perpétuée. (V. Gaius, II, 45.)

Il ne faut pas y comprendre les fruits de la chose
volée, à moins qu'ils ne soient volés eux-mêmes,
comme lorsqu'ils sont perçus *mala fide* (V. L. 4,
§ 19, D., 41, 3 ; L. 33, *ib.*). Ainsi, quant aux enfants d'une esclave, la loi 48, § 5, D., 47, 2, nous
apprend qu'ils sont volés, par cela seul qu'ils se
trouvent après la conception, mais avant la naissance, dans les mains du voleur de la mère, ou
même dans celles d'un possesseur de bonne foi.
Mais, si leur conception n'a lieu que lorsqu'ils se
trouvent appartenir aux ayants cause du voleur, on
n'ose pas aller jusqu'à empêcher l'usucapion. (V.
L. 10 D., 41, 4.)

On suit les mêmes règles pour le part des ani-
maux (L. 48, § 5, D. 47, 2 ; L. 26 D., 50, 16).

57. La prohibition n'est pas perpétuelle : le vice
résultant du vol peut être purgé quand la chose revient dans la main du propriétaire : mais elle doit y
revenir, non pas à titre de précaire, mais à titre de
propriété. (L. 4, § 12, D. 41, 3.) En un mot, selon
l'expression de Cassius et Sabinus, *si dominus ejus
rei vindicandæ potestatem habeat.* (L. 215 D., 50,
16.) La chose est-elle recouvrée par un représen-

3

tant du propriétaire, ce dernier doit avoir connaissance de ce recouvrement, si toutefois il n'a pas
ignoré le vol. (L. 4, § 7, D., 41, 3.) Lorsque le
propriétaire vole sa propre chose à son créancier
gagiste ou à celui à qui il a concédé l'usufruit, le
vice est éteint et l'usucapion devient possible, mais
le propriétaire demeure soumis à l'*actio furti*. (L. 20,
§ 1; L. 84; L. 15, § 1, D., 47, 2 ; L. 4, § 21, D.,
41, 3.)

Le vice est encore purgé quand le propriétaire
consent à vendre la chose au voleur. (L. 4, § 13 ;
L. 32 D., 41, 3 ; L. 84 D., 47, 2.)

Le voleur n'est donc pas le seul dont la possession utile soit paralysée. Quant à lui l'usucapion n'a
pas lieu à cause de sa mauvaise foi : le vice du vol
n'est nuisible, au contraire, qu'aux possesseurs de
bonne foi. (Gaius, ii, 49.)

Il est difficile, surtout pour les meubles, de rencontrer des cas où l'usucapion soit possible. Gaius
nous en donne cependant des exemples au § 50 du
Commentaire II de ses Institutes et dans la loi 36
D., 41, 3. Dans tous les cas cités par lui, le vol n'a
pas lieu, *furtum enim sine affectu furandi non com-
mittitur*. (L. 37, h. t.)

La loi Julia et Plautia, portée en 665 U. C., avait
prohibé l'usucapion des choses possédées par violence (Gaius, ii, 45) ; mais elle ne s'appliquait pas
aux immeubles vendus par un possesseur de mauvaise foi, car il était de principe que le vol n'existait
pas pour les immeubles. (Gaius, ii, 51, *in fine*.)

La loi Julia *repetundarum* déclarait imprescriptibles les choses données à un *Præses provinciæ* à
l'occasion de ses fonctions. (L. 8 D. , 48, 11; L.
48 D. , 41, 1.)

Dans les cas prévus par ces deux lois, le vice ne
peut être purgé que par le retour de la chose aux
mains du propriétaire.

Enfin, bien qu'il arrive d'ordinaire que l'*accesso-
rium cedat principali*, le propriétaire d'une construc-
tion quelconque ne peut usucaper les matériaux
d'autrui qu'il y a employés de bonne foi; mais cela
tenait à une disposition de la loi des XII Tables qui
défendait la démolition des édifices, *ne urbs ruinis
deformetur*. Le propriétaire des matériaux était ainsi
privé du droit de revendication, mais la prescription, par une juste réciprocité, ne courait pas contre
lui. (L. 8 D., 48, 11; L. 48, 41, 1.)

58. Divers cas d'imprescriptibilité, à raison de la
chose elle-même, avaient été établis ou confirmés
par Justinien.

Ainsi il avait complété la loi Julia et Plautia dans
ce qu'elle laissait à désirer, et par sa Novelle 119,
ch. 7, il avait déclaré que les immeubles vendus
mala fide ne seraient prescriptibles que par 30 ans
quand le propriétaire originaire n'a eu connaissance
ni de la vente ni de son droit de propriété. Dans le
cas contraire, si l'acheteur qui tient ces immeubles
du possesseur de mauvaise foi n'est pas inquiété,
ils se prescrivent par 10 ou 20 ans d'après les délais
ordinaires.

La loi 3, § 3, au Code, 6, 43, affranchit de toute usucapion et de toute prescription de long temps les légataires ou fidéicommissaires dont le legs ou le fidéicommis a été aliéné par l'héritier. Ils peuvent, à n'importe quel moment, exercer leur revendication contre les tiers possesseurs.

Les choses qui font partie du pécule *adventice* régulier d'un fils de famille ne sont pas non plus susceptibles d'usucapion. Par la loi 1 au Code, 6, 60, Justinien n'accorde au père qu'un droit d'usufruit sur les biens maternels dévolus au fils, lui défend toute aliénation irrévocable et protège contre toute espèce de prescription la revendication que le fils peut avoir à intenter.

Justinien défend encore l'usucapion des choses qui font partie du patrimoine d'un ascendant, et qui, par suite d'un second mariage, deviennent la propriété des enfants du premier lit. Il leur applique la prescription trentenaire à partir du jour de la majorité des enfants. Il concilie ainsi, dit-il, l'intérêt des enfants avec la dignité paternelle. (Novelle 22, ch. 24.)

Enfin, dans une loi au Code (30, 5, 12), statuant sur des points que la loi Julia avait passés sous silence, Justinien établit que la prescription n'a lieu pour les choses dotales, immobilières ou mobilières, que lors de la dissolution du mariage, à l'époque où la femme peut agir sans être soumise à l'influence du mari. (V. C. civ., art. 1560-1561.)

SECTION II.

Privilége résultant de la personne du propriétaire.

59. Les choses appartenant au fisc ne sont pas susceptibles d'usucapion ; cependant Papinien admettait une exception pour les biens vacants non dénoncés par les *delatores* et livrés à un acheteur de bonne foi. Antonin le Pieux , Sévère et Antonin avaient fait des rescrits dans le même sens, et Justinien adopte aussi cette opinion. (Inst. Just. , ii, vi , § 9.)

On trouve pareillement au Code , 7, 38 , et l. 6 , 11, 61, deux décisions qui mettent le domaine privé du prince à l'abri de toute prescription.

On ne peut pas non plus prescrire les biens appartenant aux cités. Une controverse s'est élevée sur la question de savoir s'ils n'étaient pas prescriptibles avant Justinien , car depuis Justinien aucun doute n'est possible. Il est au moins fort difficile de résoudre la question d'une façon certaine en présence des textes contraires. (V. L. 12 , § 2, 6, 2; L. 9 D. , 41, 3. Paul. Sent. , v, 2, § 4, et L. 1, in fine , C., 7, 33.)

Les Novelles 112 , ch. 1, et 131, ch. 6 , affranchissent de toute prescription les immeubles possédés par les églises ou les congrégations religieuses.

Les biens des fous et des absents pouvaient être

usucapés ; mais quant aux biens des mineurs et des pupilles, il est généralement admis aujourd'hui qu'ils n'ont jamais été susceptibles d'usucapion. Cependant les textes sur lesquels on s'appuie ne semblent pas concluants en faveur de cette opinion ; nous allons faire un examen rapide des principales lois qu'on invoque à l'appui de l'imprescriptibilité des biens des mineurs.

La loi 7, § 33, D., 41, 4, prévoit l'espèce suivante : un tuteur a volé le pupille et vendu la chose volée, l'usucapion, dit Julien, n'a pas lieu. Mais à quel moment n'a-t-elle pas lieu, le texte répond lui-même : *Prius quam res in potestatem domini redeat.* Il résulte de là, par une déduction naturelle, qu'après que la chose est revenue au propriétaire, c'est-à-dire dans l'espèce au pupille, elle peut être usucapée. Le vice qui s'oppose à l'usucapion n'est donc pas la minorité, c'est le vol.

Il faut raisonner de même en présence du texte de la loi 4, § 11, D., 41, 3.

Quant à la loi 2, § 15, D., 41, 4, elle suppose deux espèces : dans la première, j'achète d'un mineur que je crois majeur ; dans la seconde, j'achète d'un mineur que je crois avoir le pouvoir d'aliéner sans autorisation. J'usucape dans le premier cas et non dans le second ; et cela est conforme aux principes. Car dans la première espèce, je commets une erreur de fait qui ne nuit pas à l'usucapion ; dans la seconde, je commets une erreur de droit, et le texte dit lui-même : *Juris error nulli prodest.* Le vice qui

s'oppose ici à l'usucapion n'est donc pas la minorité,
c'est l'erreur de droit.

Dans la loi 45 pr. D., 4, 4, le texte est tout en
faveur de l'opinion que nous défendons. Mais on
objecte que cette loi ne s'applique pas au mineur,
parce qu'il est impossible de comprendre sous la dénomination de pupille celui qui, dans l'espèce, n'est
pas encore né.

Mais, en étudiant le texte, on voit que le jurisconsulte romain s'était fait la même objection et qu'il
décide que, même dans ce cas, *etiam ei*, l'enfant
simplement conçu, au préjudice duquel s'est accomplie l'usucapion, sera admis comme le mineur à pro-
fiter de la *restitutio in integrum*.

La loi 4, § 24, D., 44, 4 (1), est encore plus con-
cluante en faveur de notre opinion. Elle est si loin de
dire que les biens des mineurs ne sont pas prescrip
tibles, qu'elle suppose implicitement qu'on aurait pu
les usucaper, puisque dans l'espèce, si elle refuse à
l'acheteur qui tient la chose de celui qui se présentait
comme tuteur une exception *rei venditæ et traditæ*
opposable au mineur, c'est uniquement parce que
l'usucapion ne s'est pas accomplie encore au moment
de la revendication du mineur. L'acheteur n'a dès
lors aucun droit à la propriété puisque son auteur n'a
fait et n'a pu faire qu'une vente nulle, ainsi qu'il

---

(1) J'adopte pour le texte la correction de Cujas conforme à la
traduction des Basiliques καὶ μὴ οὐσονκαπιτεύσει. La loi 2 D., 27, 5,
donne un grand poids à cette correction.

résulte des derniers mots de la loi : *Quia huic rerum pupilli concessa administratio non fuit.*

La loi 10 D., 8, 16, paraît, au premier abord, plus contraire à notre système : les mots *propter pupillum* semblent dire que celui qui, dans l'espèce proposée, possède par indivis avec le mineur, n'a conservé la servitude que parce que son copropriétaire était mineur et comme tel affranchi de l'usucapion.

Mais on peut faire observer que cette loi ne peut viser le cas d'usucapion : car il est question d'une *via* et les servitudes *prædiorum rusticorum* n'en étaient pas susceptibles. (L. 14 D., 8, 1). Paul ne pouvait donc prévoir le cas d'une usucapion impossible, mais bien celui d'une prescription de long temps. Or, tout le monde convient que la *præscriptio longi temporis* ne courait pas contre les mineurs. (L. 3 C., 7, 35; L. 7, § 11, D., 41, 1; L. 23, § 2, D., 41, 3.)

Enfin, le texte qui semble le plus difficile à expliquer dans notre opinion, la loi 48 pr. D., 41, 1, est, à bon droit, suspect. On devrait lire non pas *veluti si res pupilli sit*, mais *veluti si res populi sit*. Cette correction est du reste nécessitée par le texte même des Basiliques : ὡς τοῦ δήμου ὄντα. Dès lors la loi ne présente plus de difficulté ; les choses qui appartiennent au peuple ne sont jamais en effet susceptibles d'usucapion.

60. Il résulte donc de l'examen de ces différents textes que les biens des mineurs et des pupilles pouvaient, avant Justinien, être usucapés. Le seul remède qui restait aux mineurs était la *restitutio in integrum.*

Cela est évident d'après la loi 5 C. , 2 , 41. « *Humanius est*, dit Justinien , *latius eamdem legis interpretationem extendere in omnibus casibus, in quibus vetera jura currere temporales præscriptiones adversus minores concesserunt, per in integrum autem restitutionem eis subveniebant, eas ipso jure non currere. Melius enim est eorum intacta jura servare quam post causam vulneratam remedium quærere.*

CHAPITRE VII.

DE QUELQUES PRESCRIPTIONS PARTICULIÈRES.

61. Quelques prescriptions particulières avaient été déjà introduites avant Justinien. Le fisc fut d'abord l'objet des constitutions impériales.

62. Anciennement, la prescription était, en cette matière, acquise par **20** ans (1). Un édit de Marc-Aurèle, cité dans le paragraphe 14 du titre VI du livre II des Institutes, et rappelé au Code dans une loi de Dioclétien et de Maximien, accordait une exception à celui qui avait acheté du fisc la chose d'autrui. Cette exception paralysait la revendication du propriétaire, mais le privilége accordé par l'empereur n'alla pas jusqu'à donner à l'acquéreur dépossédé une action réelle contre les tiers. Cet édit ne pouvait concerner que les choses sur lesquelles le possesseur n'eût pu acquérir aucun droit s'il les eût tenues d'ail-

(1) L. 13 D., 41, 3.

leurs que du fisc. Il n'avait pas trait aux choses susceptibles d'être usucapées, car elles l'eussent été par
le délai ordinaire d'un an pour les meubles et de 2
ans pour les immeubles. Enfin, il ne touchait en rien
aux biens des mineurs (1). Il ne s'appliquait pas non
plus aux immeubles des provinces : car le texte parle
d'un *dominus rei* et un propriétaire de cette sorte ne
pouvait exister sur le sol provincial (2).

63. Zénon alla plus loin. Le texte de sa constitution
ne parle pas seulement d'un acheteur, mais de tout
ceux qui auront acquis du fisc à quelque titre que ce
soit. Zénon fait aussi ce que n'avait pas fait Marc-
Aurèle, il donne à l'acquéreur une action en revendication contre les tiers : mais il réserve au véritable
propriétaire une action en dommages et intérêts contre
le fisc. Cette action se prescrivait par quatre ans, et
elle compétait aussi au créancier hypothécaire qui
avait perdu le gage de sa créance par suite de l'aliénation (3). Justinien applique les mêmes règles aux
aliénations de la chose d'autrui émanant soit de sa
maison, soit de celle de l'impératrice (4).

64. Du reste, la prescription de 4 ans existait déjà
dans l'ancien droit. Car, si le *bonorum delator* avait
laissé passer ces 4 ans sans dénoncer au fisc les biens
vacants, l'action du fisc était prescrite. Ces 4 ans
couraient du jour même de la vacance, et le délai était

(1) L. 3 C., 2, 37.
(2) V. contra. Ortolan. Inst., II, 6, § 14, note 6e.
(3) L. 2 C., 7, 37,
(4) L. 3 C., ib.

de droit strict (1). Cette prescription fut plus tard confirmée par une loi de Constantin (2).

65. Il existe encore dans le droit romain une prescription quinquennale dont les effets sont importants. Il résulte des termes dont se sert Callistrate (3) que Nerva fut le premier qui établit cette prescription. Après ce délai de 5 ans, il n'était plus permis de soulever de questions d'état ni par rapport à la personne de l'affranchi ni par rapport à la personne du *manumissor* (4); mais on pouvait continuer le débat s'il avait été élevé avant la mort de celui dont l'état était contesté (5).

66. La possession d'état de citoyen romain est acquise d'une façon définitive à celui dont l'état n'est attaqué que 5 ans après la mort (6). Ce bénéfice est accordé même à celui que le fisc réclamerait comme son esclave, si la réclamation ne s'est pas produite dans le délai (7). Du reste, un sénatusconsulte était anciennement intervenu sur cette matière, si l'on en croit les expressions de la loi 4 et de la loi 8 C., 7, 21, mais on en rencontre quelques traces, et fort vagues encore, que dans Suétone (8).

---

(1) L. 10 pr. et § 1, D., 44, 2.
(2) L. 1 C., 7, 37.
(3) L. 4 D., 40, 15.
(4) L. 1 C., 7, 21.
(5) L. 3 C., ibid.
(6) L. 4 C., 7, 21.
(7) L. 8 C., 7, 21.
(8) Suétone. Vie de Titus, ch. 8.

67. Le respect pour la liberté ne se perdit jamais parmi les Romains. La prescription de 10 ans ou 20 ans vient quelquefois en aide à celui qui revendique l'état de citoyen, pourvu qu'il ne se présente pas de mauvaise foi dans sa possession d'état (1). Mais cette prescription ne peut jamais porter atteinte à la liberté; et cette imprescriptibilité est consacrée par les paroles de Constantin : *Sola temporis longinquitate, etiam sexaginta annorum curricula excesserit, libertatis jura minime mutilari oportere, congruit æquitati* (2).

CHAPITRE VIII.

DE LA PRESCRIPTION DE TRENTE ANS.

68. La prescription de trente ans a été introduite par Théodose le Jeune, ainsi qu'il résulte du texte de la loi 3 au Code *de præscript.* (3). Cette sorte de prescription est invoquée toutes les fois qu'il n'y a pas lieu à l'usucapion ou à la prescription ordinaire par dix ou vingt ans : par exemple, quand la chose est entachée de vol ou de violence, ou quand la possession manque soit de *titulus*, soit de *bona fides*. Elle donne au possesseur actionné par le propriétaire une exception qui repousse et paralyse cette reven-

---

(1) L. 1 C., 7, 22. — V. aussi L. 1 C., 7, 38.

(2) L. 3 C., 7, 22.

(3) Contra, Cujas. Obs., xviii, 26, 27. Cujas s'appuie sur la Novelle 8e de Valentinien iii.

dication. Elle court contre toute personne, femmes, absents, mineurs de vingt-cinq ans, militaires : les pupilles seuls sont protégés contre elle par des lois spéciales. Elle atteint les actions personnelles qui autrefois s'éteignaient par un an quand elles résultaient de contrats formés dans les pays soumis au *jus italicum*, et qui demeuraient perpétuellement efficaces quand elles avaient pour fondement un contrat passé dans les provinces (1). L'action hypothécaire du créancier contre le débiteur qui détient la chose hypothéquée, résiste seule à son action, et ne s'éteint que par la prescription quadragénaire (2).

69. Justinien transforme cette prescription de trente ans en un véritable moyen d'acquérir, mais à la condition que le possesseur soit de bonne foi *ab initio*. Le possesseur de bonne foi revendiquera utilement la chose même contre le véritable propriétaire ou le créancier qui a sur elle des droits de gage ou d'hypothèque ; il obtient ainsi un droit de propriété opposable à tous. Il en est tout autrement du possesseur qui a été de mauvaise foi au début de la possession. Si ce dernier vient à perdre la chose, il ne pourra la revendiquer que contre les détenteurs sans droit, et sera obligé de la laisser aux mains du véritable maître ou du créancier hypothécaire, s'il se trouve en présence de la possession de ce maître ou de ce créancier (3).

(1) L. 3 C., 7, 39. — L. 1 C., 7, 40.
(2) L. 7, § 2, C., 7, 39.
(3) L. 8, § 1 C., 7, 39.

70. Par la Novelle 119, rendue en 542, Justinien modifia la règle que nous venons d'exposer : il décida que si le possesseur primitif de l'immeuble était de mauvaise foi, celui qui acquerra de lui prescrira par dix ans entre présents, et par vingt ans entre absents, si le véritable propriétaire connaissant ses droits et la vente qui a été faite à son préjudice reste néanmoins dans l'inaction. Mais s'il n'a gardé le silence que par suite de l'ignorance où il se trouvait de son droit de propriété et de la vente, l'acquéreur ne doit plus prescrire que par trente ans (1).

CHAPITRE IX.

DES ACTIONS RELATIVES A L'USUCAPION ET A LA PRESCRIPTION DE LONG TEMPS.

71. Il nous reste maintenant à étudier les moyens juridiques d'étendre ou de restreindre, suivant les circonstances, la portée de l'usucapion. Comme la possession est le fait générateur de l'usucapion, tous les moyens employés pour l'acquérir, la conserver ou la recouvrer seront nécessairement applicables à la matière qui nous occupe.

72. Dans le premier état du droit, quand la prescription de long temps n'était pas venue tempérer la rigueur du droit strict, les interdits possessoires

(1) Nov. 119, ch. 7.

servaient seuls à protéger l'usucapion fondée sur une possession légale. Le temps d'un an pour les meubles et de deux ans pour les immeubles une fois écoulé, l'acquéreur, même de mauvaise foi, devenu propriétaire *ex jure Quiritium,* avait à sa disposition les formules énergiques de la *rei vindicatio* civile. Mais si, avant le délai créateur de cette propriété quiritaire, le possesseur venait à perdre la possession, les interdits lui faisaient défaut, car c'était sur cette possession même que se fondait la protection qu'ils accordaient; et en même temps le droit strict, ne le reconnaissant pas encore pour propriétaire, lui refusait l'action en revendication. La perte était donc irréparable. Il existait encore des cas où la *rei vindicatio* ne pouvait jamais avoir lieu. Les fonds provinciaux n'étaient pas susceptibles de propriété privée : ce fut là surtout que se montra l'utilité des interdits possessoires.

73. Il n'entre pas dans le cadre de ce travail de faire une étude approfondie de la nature si compliquée des interdits, nous ne devons en donner que quelques notions générales. Sans discuter leur origine si controversée dans les auteurs allemands (1), disons seulement que l'interdit quoique rédigé *in rem,* c'est-à-dire d'une manière absolue, ne constitue qu'une règle spéciale aux parties qui sont engagées dans le procès (2). Les trois interdits dont nous

(1) De Savigny. *Traité de la Poss.,* p. 343 et suiv.
(2) L. 1, § 1, 2, 3, 4, D., 43, 17.

ayons à nous occuper comme étant plus spécialement destinés à protéger la possession et par conséquent l'usucapion, sont les interdits *uti possidetis*, *utrubi* et *unde vi*.

74. *Interdit uti possidetis.* — C'est une voie prétorienne qui tend à nous faire reconnaître possesseur d'un immeuble pour jouir ensuite des bénéfices attachés à la possession. Le possesseur troublé fait ainsi réparer les atteintes portées à son droit : et de plus il acquiert le privilége d'être défendeur au procès, ce qui le dispense de la preuve de ses auteurs, preuve toujours difficile à faire et que l'usucapion avait principalement pour but de suppléer. Il se maintient donc ainsi *in causa usucapiendi* et se garantit des voies de fait dont il eût pu être victime et qui eussent eu pour résultat, en lui enlevant la possession, de lui faire perdre son seul titre. C'est par cette raison qu'on l'appelle *interdictum retinendæ possessionis.* Il résulte de la nature même du débat, prévu par cet interdit, que chacun des plaideurs est *actor* en même temps que *reus*, chacun demandant que sa possession soit respectée par l'adversaire. C'est à ce point de vue que cet interdit est double. Il a aussi le caractère des actions mixtes, qui est de placer les parties dans une situation telle qu'on ignore laquelle aura plus tard bon droit. Aussi le préteur parlait-il au pluriel et disait-il *uti possidetis* (1).

75. Pour réussir dans cet interdit, il faut trois

_____

(1) Gaius, IV, 160.

conditions : 1° la possession de l'immeuble, laquelle ne soit entachée ni de clandestinité, ni de violence, ni de précarité ; 2° un trouble ; 3° une continuation de possession durant et malgré le trouble.

76. Enfin, l'effet de l'interdit sera de veiller à ce que le trouble ne puisse se reproduire, de réparer le dommage (1), et surtout de maintenir la possession. Ce dernier effet est utile au point de vue de la question que nous traitons ici, car l'usucapion continuant pendant le débat pourra ainsi n'avoir pas été interrompue, et s'il arrive que l'adversaire ne puisse pas établir son droit de maître, la propriété aura été acquise au possesseur.

77. *Interdit utrubi.* — L'interdit *utrubi* est pour les meubles ce que l'interdit *uti possidetis* est pour les immeubles. Ici les principes sont pourtant différents. Il était impossible de baser l'interdit sur une continuation de possession puisqu'il s'agissait de meubles et que l'usurpation suspendait toute espèce de possession. Au lieu de supposer la possession continuée, on prit pour base la possession passée sans se préoccuper de savoir si elle durait encore (2). Cet interdit est appelé *retinendæ possessionis* par les jurisconsultes : et quelques difficultés qu'on ait soulevées à l'égard de l'exactitude de cette dénomination, je crois qu'il faut ici s'en rapporter à ce que disent Gaius et Paul (3).

(1) L. 3, § 1, D., 43, 17.
(2) L. 156 D., 50, 16. — Gaius, IV, 152.
(3) Gaius, IV, 148, 149. — Paul, sent., V, 6, § 1.

4

D'ailleurs, l'effet de l'interdit *utrubi* est le même que celui de l'interdit *uti possidetis* à l'égard de la question qui nous occupe.

78. *Interdit unde vi.* — Le but de l'interdit *uti possidetis* est de faire cesser un simple trouble ; celui de l'interdit *unde vi* est de faire cesser la privation complète de la possession, aussi est-il appelé *recuperandæ possessionis*. Les conditions de cet interdit sont au nombre de deux : 1º il faut un droit violé ; 2º il faut une *vis atrox* par suite de laquelle le possesseur se trouve *dejectus* (1). C'est donc, à notre point de vue, un moyen de replacer dans la même situation qu'avant la violence celui qui avait déjà commencé l'usucapion du fonds. De plus l'interdit portera, secondairement il est vrai, sur les choses mobilières qui se trouvaient sur le fonds au moment de la *dejectio : De eo quod ille tunc ibi habuit, judicium dabo* (2), dit le préteur ; et l'usucapion des meubles se trouvera de la sorte indirectement protégée.

79. Ce furent ces sortes d'interdits qui seuls pendant longtemps garantirent la possession du sol provincial. Le droit prétorien, interprète du besoin général, créa la prescription de long temps. Mais, une fois le délai écoulé, on n'alla pas jusqu'à donner au possesseur une revendication directe. D'ailleurs la nature des biens pour lesquels on avait dans le

---

(1) L. 1, § 3, D., 43, 16.
(2) L. 14, § 12, D., 4, 2.

principe établi la proscription s'y refusait : on ne
créa donc qu'une exception qui avait cela de spécial
qu'elle se mettait en tête de la formule, faisant ainsi
de l'accomplissement du délai la seule question à
examiner par le juge. Vis-à-vis du tiers, l'action
publicienne s'était introduite, et nous allons l'examiner avec plus de détails, mais seulement au point
de vue de l'usucapion.

80. *De l'action publicienne.* — La revendication
exigeait la preuve de propriété, en remontant d'auteurs en auteurs, jusqu'à celui qui avait acquis par
un mode originaire. Cette difficulté presque insurmontable a été vaincue par l'établissement de l'usucapion qui dispense de toute preuve celui qui peut
l'invoquer. Qui protége donc l'usucapion protége par
là même la propriété, et c'est en raisonnant ainsi
que le préteur Publicius trouva l'action à laquelle il
a donné son nom.

81. Mais pour être dispensé de rattacher son
droit à un mode originaire d'acquisition, il faut avoir
possédé d'une façon non interrompue et *ex justa
causa.* Si donc la possession s'est perdue, on ne peut
revendiquer, car on n'est pas propriétaire; on ne
peut invoquer l'usucapion, car elle n'est pas accomplie.
C'est dans ces circonstances qu'intervient la fiction
prétorienne qui fait considérer comme terminée une
usucapion qui ne l'est pas (1). La mission du juge
consiste donc à examiner, non pas si la chose est pré-

(1) L. 7, § 6, D., 6, 2.—L. 35 D., 44. 7.—V. aussi Gaius, IV, 36.

sentement au demandeur, mais si elle devrait être à
lui , si l'usucapion s'était réellement accomplie. L'a-
cheteur n'a qu'une preuve à faire, celle de l'achat et
de la tradition ; peu importe que la chose appartienne
ou non *ex jure Quiritium* à celui qui la lui a livrée.
Disons donc que l'action appartenait à celui qui avait
la chose *in bonis*, c'est-à-dire à celui qui avait reçu la
chose *mancipi* du véritable maître en vertu d'un titre
translatif de propriété, sinon en droit, du moins en
fait, d'après l'intention des parties, et à celui qui
avait reçu la chose *mancipi* ou *nec mancipi* d'un non
propriétaire, et qui n'en avait dès-lors que la *bonæ
fidei possessio.*

  82. Cette dernière opinion a été vivement controversée. De savants jurisconsultes ont pensé que l'u-
sucapion de la chose *in bonis* était protégée par une
action directe qui devait être la *formula petitoria* où
l'*intentio*, disent-ils, ne portait pas à dessein les
mots : *ex jure Quiritium.* Mais, d'après M. Pellat,
dans son *Traité de la Propriété et de l'Usufruit*, les
mots *suam esse* qui se trouvent dans le texte de
Gaius (1) ne pouvaient s'appliquer qu'au *dominium*. Et
pour que cette proposition devienne évidente, il n'est
besoin que de rappeler un passage des Commentaires
de Gaius (2), où il est dit que le *bonorum possessor*,
c'est-à-dire l'héritier prétorien qui a, selon l'opinion
générale, les choses héréditaires *in bonis*, ne peut

(1) Gaius, iv , 92.
(2) Id. iv, 34.

intendere suam esse rem quœ defuncti fuit. Les mots
suam esse ne sont point ici suivis des mots *ex jure*
Quiritium, et pourtant nul ne doute qu'ils ne s'appliquent au domaine quiritaire (1). « D'ailleurs, dit
» M. Pellat, tout le monde est d'accord que si le
» *bonœ fidei possessor* perdait la possession avant l'ex-
» piration du temps de l'usucapion, le préteur ve-
» nait à son secours en feignant que son usucapion
» commencée et non achevée s'était accomplie avant
» la perte de possession. Pourquoi le préteur n'au-
» rait-il pas accordé à celui qui avait la chose *in*
» *bonis* le secours de la même fiction ? Tous les deux
» sont aux yeux du droit civil, non propriétaires,
» absolument de la même manière; pourquoi, d'a-
» près le droit prétorien, ne seraient-ils pas sup-
» posés propriétaires de la même manière ? » C'est,
selon nous, la véritable façon d'envisager la question : cette opinion a d'ailleurs pour elle plus de
probabilités que celle que soutient Unterholzner. Ce
dernier prétend, en effet, que l'action donnée au
possesseur qui a la chose *in bonis* est *l'actio in rem*
modifiée suivant les cas, et qui ne se rapproche de
l'action publicienne qu'en ce sens qu'elle se fondait
aussi sur une fiction, qui variait selon qu'on se trouvait en présence soit d'un simple acquéreur par tradition d'une chose *mancipi,* soit d'un *emptor bonorum,*
soit d'un *bonorum possessor.* Mais il est difficile de se
ranger à cette opinion : en effet, fiction pour fiction,

(1) Gaius, iii, 80.

la plus naturelle est encore celle de l'usucapion, et de plus, c'est la seule que mentionnent les textes qui nous sont parvenus.

83. Il résulte de ce que nous venons de dire précédemment que, dans le droit prétorien, l'usucapion s'appliquait à quatre cas principaux :

1° Celui qui a acquis *a non domino*, mais avec bonne foi, et qui est en possession, peut user de l'action publicienne. Si c'est le véritable propriétaire qui possède, il répond victorieusement par l'*exceptio justi dominii*. Si ce sont deux possesseurs en voie d'usucapion, dont l'un intente contre l'autre la publicienne, *melior est, in pari causa, conditio possidentis*. Julien décide autrement, il est vrai, et préfère celui qui a été mis le premier en possession, mais c'est dans le cas particulier où les deux possesseurs ont le même auteur (1).

2° Celui qui a acquis *a domino* et qui aurait à sa disposition la *rei vindicatio civilis* peut préférer l'action publicienne, en ce sens qu'elle le dispense des preuves difficiles de propriété.

3° Il en est de même de celui qui a simplement la chose *in bonis*, comme nous l'avons expliqué déjà.

4° Le possesseur d'un fonds provincial qui a commencé la prescription de long temps, ou qui l'ayant déjà accomplie, a perdu la possession, jouira de ce bénéfice, car la prescription ne l'a pas rendu propriétaire, et il a besoin de l'action publicienne

(1) L. 9, § 1, D., 6, 2.

pour se faire réintégrer. Les deux premiers cas d'application sont seuls conservés à l'époque de Justinien : le domaine quiritaire est devenu la seule propriété, et la distinction des choses *mancipi* et *nec mancipi* n'existe plus.

84. Nous avons vu comment le préteur remédiait à l'usucapion incomplète; mais il pouvait y avoir des cas où l'usucapion accomplie devait être rescindée dans un intérêt d'équité et d'ordre public. L'action publicienne s'appliquait encore, mais elle se fondait sur la fiction opposée à celle dont nous parlions tout à l'heure. Le préteur supposait non accomplie une usucapion qui l'était déjà. Le droit est ici tout en faveur du propriétaire dont la chose a été indûment usucapée. Lors donc qu'un propriétaire aura été éloigné par un service public, par une détention, une captivité ou un motif de crainte raisonnable, et que la chose a été usucapée dans le délai si court d'un ou deux ans, le préteur, se fondant sur l'impossibilité de la défense, fait rescinder l'usucapion contraire à des droits qui n'ont pu être sauvegardés. Le préteur intervient encore dans le cas où un individu absent a usucapé la chose d'autrui : le propriétaire est prêt à la revendication, mais il ne trouve personne pour répondre à son action. Le droit honoraire rend alors au *dominus* cette action réelle qu'une nécessité juridique trop rigoureuse lui avait fait perdre.

85. Le texte des Institutes (liv. IV, tit. 6) exige une absence motivée par une fonction publique ou

par une captivité. Mais les termes de ce passage ne doivent pas être regardés comme limitatifs. L'action rescisoire s'appliquait certainement aux cas où, par tout autre motif il a été impossible au propriétaire d'interrompre l'usucapion qui le dépouillait. Car il est évident que celui qui s'est éloigné volontairement, qui s'est caché ou qui jouit du privilége de n'être point appelé *in jus* contre son gré, mérite moins la protection de la loi que celui qui n'était absent que par un motif légitime (1).

86. Cette action rescisoire n'avait plus d'application au temps de Justinien. Il était, en effet, loisible au propriétaire d'interrompre sa prescription par un placet présenté à un magistrat tel que le défenseur de la cité ou l'évêque, ou à leur défaut de faire une protestation authentique (2). Cette action rescisoire avait dû en effet disparaître dès que la rigueur du droit s'était adoucie. Déjà, au moment même où elle s'était établie, son exercice avait été limité à un an, et ce délai si court avait été adopté parce que le préteur allait directement à l'encontre du droit civil en rescindant une usucapion que ce droit civil consacrait. C'est ce que Paul nous dit lui-même dans la loi 35 D., 44, 7 : *Sed cum publiciana rescissa usucapione redditur, anno finitur; quia contra jus civile datur.*

(1) Lois 1, 23, § 4, 24, 25, D., 20, 1.
(2) L. 2 C. 7, 40.

DROIT COUTUMIER.

—

CHAPITRE 1er.

NOTIONS GÉNÉRALES.

1. On sait que les Romains portèrent leurs lois
et leur jurisprudence dans les provinces qu'ils sou-
mirent ; leur action sur les populations conquises fut
si directe et si profonde que, lorsque leur domi-
nation disparut, elle laissa après elle des traces qui
se conservèrent longtemps. C'est à cette cause qu'il
faut attribuer ces deux droits rivaux qui se partagent
la France, le droit écrit et le droit coutumier. Le
droit coutumier lui-même, le droit du sol par excel-
lence, emprunta beaucoup au droit romain dans la
matière qui nous occupe. Mon intention n'est pas
d'étudier ici les règles de la prescription acquisitive
dans toutes les coutumes diverses, je dirigerai surtout mes recherches sur les coutumes de Paris,
d'Anjou et du Maine, les seules qui se rappro-

chent en beaucoup de points du droit romain, et qui
marquent mieux les caractères du droit transitoire
qui nous a régis jusqu'à la confection du Code.

2. « La première règle en matière de prescription,
» disait Ferrière en ses Inst. Cout., est que sans
» possession il n'y a point de prescription ; la pos-
» session est le commencement et le fondement de
» toute prescription (1). » Cette possession d'ailleurs
s'entourera de plus ou moins de conditions, selon
qu'elle s'accomplira par 10 ou 20 ans, ou qu'elle
n'aura lieu que par 30 ans.

On peut définir la prescription acquisitive en disant
qu'elle est l'acquisition d'une chose par la possession
paisible et non interrompue pendant le temps réglé
par la loi. Le droit coutumier traduit ici la règle de
Modestin au Digeste, loi 3, liv. 41, tit. 3.

Les éléments qui composent cette prescription sont
au nombre de deux : la possession et la durée.

CHAPITRE II.

DE LA POSSESSION EN GÉNÉRAL.

§ 1er. De la tradition.

3. La possession s'acquiert ordinairement par la
tradition de la chose : cette tradition s'opère de plusieurs manières, selon que les choses sont mobilières
ou immobilières.

(1) Ferrière, Inst. Cout. Presc., art. 56.

Quant aux meubles, elle peut se faire soit de la main à la main, soit par une remise symbolique, soit encore par la simple inspection de la chose jointe au consentement des parties, soit enfin par la seule volonté du vendeur, comme dans les constituts possessoires.

Quant aux immeubles, la délivrance se fait par la remise ou le dépôt des titres, par les clauses de précaire, de rétention d'usufruit, etc., mais plus ordinairement par les clauses même de l'acte qui la supposent accomplie.

La tradition, bien que réellement fictive, est réputée réellement faite quand les actes notariés portent que le vendeur s'est dessaisi et dévêtu de la chose et en a vêtu et saisi l'acheteur; mais, quoique cette tradition suffise pour transférer la possession, elle n'est cependant qu'artificielle, et la livraison réelle l'emporte toujours. Le fait triomphe du droit, et bien que la prise de possession ne soit plus entourée des formes du vieux symbolisme romain, la tradition réelle est plus efficace que la tradition juridique. En effet, si la même chose a été vendue deux fois et que la seconde vente ait été accompagnée de la livraison matérielle de la chose, tandis que la première n'a été accompagnée que d'une tradition feinte, le second acheteur l'emportera sur le premier (1).

4. Mais si la tradition de droit par les clauses

_____

(1) Louet, Lettre v, ch. 1.

de saisine et de désaisine est suivie de la prise réelle de possession, la tradition est inattaquable. Peu importe qu'il y ait eu un intervalle entre ces deux actes : ils se joignent et se réunissent par un effet rétroactif, pourvu qu'il ne se soit présenté aucun fait intermédiaire de nature à briser ou modifier le droit (1).

5. La prise de possession des droits se fait d'une autre manière. On se met en possession d'une rente soit par la jouissance, soit par la perception à l'échéance du terme, soit par la signification au débiteur du titre de transport ou d'acquisition. On prend possession d'un droit de justice soit en nommant des officiers qui l'exercent, soit en percevant les droits qui en dépendent, tels que les confiscations et les amendes. S'il s'agit d'un office, la prise de possession a lieu par l'installation solennelle, par le rang pris à la séance : s'il s'agit d'une servitude, c'est l'exercice et l'usage que l'on en fait qui constitue la possession (2).

6. Certaines prises de possession n'ont même besoin d'aucune des conditions ordinaires, je veux parler de celle de l'héritier. Il est vrai qu'il y a ici en apparence une exception aux principes que l'acquisition se fait *corpore et animo*, mais les anciens jurisconsultes la justifiaient en disant que, dans ce cas, il n'y avait pas, à proprement parler, de prise de

(1) Pocq. de Livon. Pres.
(2) Pocq. de Livon., sur Anjou, ch. 1.

possession nouvelle, et que le mort saisissant le vif l'investissait instantanément de la possession qu'il avait eue lui-même (1).

7. Les articles qui, dans la coutume d'Anjou et celle du Maine, traitent de la possession à l'effet de prescrire, exigent tous un temps de possession de cinq, de dix, de vingt ou de 30 ans *continuels* (2); la continuité devait donc, sans aucun doute, être un des caractères indispensables de la possession pour lui faire produire un effet soit acquisitif, soit libératoire au point de vue de la prescription.

Mais quant à la nature de cette continuité, presque tous les commentateurs s'accordent à reconnaître qu'elle peut subir des interruptions sans en être altérée, pourvu qu'on ne puisse en induire un délaissement définitif. La possession s'acquiert bien, il est vrai, *corpore et animo*, mais se conserve, *animo tantum*. Aussi la possession qui ne peut s'établir que par le fait, c'est-à-dire par la prise de possession réelle et actuelle, peut au contraire se maintenir par la seule volonté de demeurer seigneur et maître de la chose possédée. Cette théorie est la reproduction du système romain : *Licet possessio nudo animo acquiri*

(1) Poth. Introd. Cout. d'Orl., § 21.
(2) Anjou, art. 419, 422, 428 et suiv. — Maine, 434, 437, 443 et suiv. — Paris, 118.

non possit, disaient Dioclétien et Maximien, *tamen solo animo retineri potest* (1). Pothier exprimait la même idée en disant que, pour conserver la possession, une volonté négative est suffisante (2). Les conséquences de ce principe seront faciles à tirer ; il importera peu, pour la prescription, que la folie survienne au maître après l'acquisition accomplie, ou que celui par qui il possède cesse de posséder en son nom, soit par abandon de la chose, par démence ou par mort, La volonté persistante du maître survit à tous ces faits qui lui sont étrangers et maintient la possession sur sa tête.

« Si le possesseur de l'héritage, dit Pocq. de
» Livon., a cessé la culture et l'exploitation de cet
» héritage pendant quelques années, soit pour cause
» d'absence, soit pour laisser reposer son champ,
» soit par pure négligence, sans dessein de s'en
» exproprier, il est présumé avoir possédé pendant
» tout ce temps-là, même à l'effet d'accomplir la
» prescription, pourvu qu'un autre, dans ces entre-
» temps, ne se soit pas emparé de son héritage et
» n'ait point troublé et interrompu sa posses-
» sion (3). »

§ 5. De la possession publique.

8. La clandestinité rendrait la possession im-

---

(1) Loi 4 C., de acq. poss.
(2) Poth. Cout. d'Orl., § 28.
(3) Pocq. de Liv., presc.

propre à produire la prescription, quelque longque soit le temps pendant lequel elle a duré. C'est le vice de la possession de celui qui est entré furtivement dans l'héritage d'autrui, prévoyant une opposition de la part du maître; car, en établissant la prescription en haine de la négligence du propriétaire (1), la loi a dû permettre que celui qu'elle frappait fût mis à même d'éviter la perte de possession qui en est la peine, par la connaissance qu'il peut avoir de l'usurpation qui le menace. Presque toutes les coutumes reconnaissent, du reste, cette disposition du droit romain et appliquent la loi 3, § 8, D., *quod vi aut clam* (2). Les coutumes d'Anjou et du Maine s'en expliquent en termes formels : « Si aucun à bon titre possède *publiquement* et » *notoirement* (3). »

9. C'est par le même motif que la Coutume d'Orléans, art. 253, prohibe l'acquisition par prescription des caves ou des souterrains fouillés furtivement sous la maison d'autrui. C'est au temps de l'acquisition que l'on doit se reporter pour décider si la possession a été ou non infectée du vice de clandestinité. « En effet, dit Pothier, lorsque le possesseur d'une » chose, qui n'en a point acquis la possession par des » voies clandestines, ayant eu depuis avis qu'elle » appartenait à autrui, a caché cette chose pour em-

(1) Pothier, *loc. cit.*, § 3.
(2) Étampes, art. 63; Melun, 170.
(3) Anjou, art. 419; Maine, 431, presc.

» pêcher cette personne de la revendiquer ,..... la
» possession ne devient pas pour cela clandes-
» tine (1). »

10. Enfin, si nous supposons l'espèce inverse, la
notification que le détenteur fera de sa possession
au véritable maître de la chose ne fera pas cesser
le vice dont elle a été atteinte à l'origine.

§ 4. De l'interruption.

11. Le possesseur qui tend à prescrire doit posséder
sans trouble et paisiblement. Si donc le véritable
propriétaire ou une autre personne fait cesser la détention réelle de la chose, la possession désormais
interrompue ne sert plus qu'à partir de l'instant où
la réintégration du possesseur a eu lieu.

12. Les anciens auteurs distinguent, selon le système romain, deux sortes d'interruptions, l'interruption naturelle et l'interruption civile. La première a lieu
dans le cas d'une dépossession violente du propriétaire par un tiers et profite à tous ceux qui y ont
intérêt et qui prétendent avoir droit sur la chose (2).
« Si celui qui souffre de cette violence reste inactif
» pendant un an, il n'a plus le droit d'intenter la
» complainte : mais s'il agit de suite en saisine et
» nouvelleté et qu'il réussisse dans ses allégations ,
» la possession lui sera restituée et la prescription

(1) Poth. *Traité de la poss.*, nos 28, 29.
(2) L. 8 D., 41, 3.

» s'achèvera comme si l'interruption était non avenue.
» de sorte, dit Duplessis au chapitre des Prescriptions,
» que celui qui a été troublé est réputé ne l'avoir
» jamais été, mais au contraire avoir toujours été en
» possession (1). »

13. On reconnaît deux sortes d'interruptions civiles,
l'une judiciaire, qui a lieu par assignation devant le
juge et qui contient une demande précise et motivée;
l'autre extrajudiciaire, qui se produit hors jugement,
par sommation ou protestation quelconque, aboutis-
sant non pas à une procédure régulière, mais con-
tenant uniquement l'affirmation du droit contesté.

CHAPITRE II.

DE LA PRESCRIPTION DE 10 OU 20 ANS.

14. « Prescription d'héritage, dit Loysel dans ses
» Institutes coutumières, s'acquiert par jouissance
» de 10 ans entre présents et 20 ans entre absents,
» âgés et non privilégiés, avec titre et bonne foi et
» sans titre, par 30 ans (2). »

Cette prescription, empruntée au droit romain,
passa dans la plupart des coutumes, qui reproduisi-
rent, à peu de chose près, le système du droit écrit (3).
Trois conditions sont requises comme indispensables

(1) Charondas, sur l'art. 113 de Paris.
(2) Loysel. Presc., règle 6, Inst. cout.
(3) Paris, art. 113; Anjou, 430; Maine, 445.

5

en cette matière, le laps de temps de 10 ans entre présents et de 20 ans entre absents, la bonne foi et le juste titre ; examinons successivement ces trois éléments de la prescription acquisitive.

De la possession.

15. La possession dont il s'agit ici doit être soumise aux règles dont j'ai parlé plus haut : ce doit être une possession civile, c'est-à-dire une possession qui réunisse à la fois le fait réel de la détention pour soi ou ses ayants cause et l'intention de jouir de la chose à titre de propriétaire. Cette possession doit en outre être continue. « Les possessions de divers
» possesseurs qui succèdent l'un à l'autre, dit Domat,
» ne se joignent que dans le cas où elles se suivent sans
» interruption, car s'il y a quelque intervalle d'une
» autre possession d'un tiers qui ait interrompu ces
» possessions, celles qui avaient précédé cette inter-
» ruption seraient inutiles au dernier possesseur (1). »
En cette matière, tous les jours seront *utiles* et l'on comptera même ceux des fêtes solennelles, ou pendant lesquels *il ne se fait aucune expédition de justice.* Les troubles intérieurs et les guerres civiles suspendent seuls la prescription comme il résulte de plusieurs arrêts rapportés par le Prestre dans ses Coutumes,

(1) Lois civiles, tit. vii, ch. 4, § 6.

ch. 61 et 7. Mais il suffira que le dernier jour des 10 ans entre présents et des 20 ans entre absents soit commencé pour que la prescription soit acquise : on n'aura pas besoin, comme dans les prescriptions libératoires, d'attendre que le dernier jour soit fini et révolu (2).

SECTION II.

Du Titre.

16. On appelle juste titre celui qui transporterait à l'acquéreur la propriété de la chose acquise s'il émanait du véritable propriétaire : celui que l'article 445 de la Coutume du Maine appelle « *habile à transférer seigneurie.* » Tous ceux donc qui jouiront en vertu d'un contrat qui ne leur donnera pas le droit de posséder *animo domini* n'auront pas de titre et ne pourront jamais arriver à la prescription. Mais s'ils croient posséder en vertu d'un titre qui, bien que faux en réalité, leur paraît bon et valable, la prescription pourra-t-elle s'opérer? Cette question avait ses défenseurs et ses adversaires dans l'ancien droit. Suivant Duplessis et ses annotateurs, dans leur commentaire de l'article 113 de la coutume de Paris, il suffit, conformément à la décision de la loi 11 D., *pro emptore,* pour rendre la prescription possible, que le possesseur se figure être désigné dans le titre translatif de

(2) Merlin. Prescription.

propriété, bien que, dans la vérité, il y soit question
d'un autre, à la condition cependant que cette erreur
soit vraisemblable (1). D'Argentré résout la difficulté par une distinction qu'il établit entre l'erreur
de fait et l'erreur de droit : la première permettra la
prescription, la seconde l'exclura toujours, car, dit-il,
« si quis donationem vel alium titulum habet ab eo
» qui donare non potest et valere putat..... is error
» injustus est nec prodest ad usucapiendum (2). »
Cette opinion prévalut comme plus conforme aux
véritables principes du droit.

17. Il est facile de comprendre que cette prescription avec titre et bonne foi n'est utile qu'à celui
qui n'aura pas acquis du véritable propriétaire;
car, dans ce cas, le domaine de la chose eût accompagné la tradition. « Il s'agit ici, dit Pocquet de
» Livonnière, du possesseur à qui la chose a été
» livrée par celui qui n'en était pas le seigneur, à
» quelque titre que ce soit, pourvu que ce soit un
» titre juste, vrai ou présumé tel; parce que, s'il avait
» la chose du seigneur, il n'aurait besoin de se dé-
» fendre par prescription; mais par propriété et sei-
» gneurie qui lui auraient été acquises du jour du
» contrat sans attendre les 10 ans, car le seigneur
» de la chose par la tradition qu'il en fait en trans-
» porte la seigneurie (3). » Au contraire, le vendeur
qui n'est pas le véritable maître ne peut pas trans

---

(1) Voy. aussi Rat. Cout. de Poitou, art. 235.
(2) Cout. de Bret., art. 266, ch. 1, § 5 et 6.
(3) Pocq. de Liv. Obs. sur la cout. d'Anjou.

mettre le domaine, mais seulement la possibilité d'accomplir la prescription, il met simplement l'acquéreur *in causâ usucapiendi*, et dès lors l'existence des conditions requises devient indispensable.

18. Le titre peut encore être universel ou particulier; mais quelquefois le titre universel sera un obstacle insurmontable à la prescription de 10 ou 20 ans; car si l'auteur était de mauvaise foi, le successeur universel ne pourra pas répudier sa possession vicieuse et sera au contraire forcé de la joindre à la sienne (1). Avec le titre singulier, le même danger n'eût pas été à craindre; ce titre fait présumer la bonne foi, « car, dit Laurière dans ses notes sur l'article » 113 de la Coutume de Paris, il est tout à fait pro- » bable que si l'acheteur eût cru que l'héritage n'eût » pas appartenu au vendeur, il ne l'eût pas acheté.» C'est cette même idée que Chopin exprimait ainsi : *Malæ fidei possessoris successor universalis non prescribit, singularis vero prescribit* (2).

19. Le titre peut être vicieux de deux manières; il peut être frappé d'une nullité soit relative, soit absolue. Dans les deux cas, la prescription ne peut jamais avoir lieu; le titre cesse d'être un droit, pour se réduire à un simple fait destitué de toute action juridique. C'est ici le lieu de parler de deux maximes importantes du droit coutumier. La première est que nul ne peut prescrire contre son titre, et il faut d'abord

(1) Duplessis. Trait. 13e, ch. 2.
(2) Chopin. Cout. d'Anj., liv. 3, ch. 2, tit. 5, § 22.

la bien comprendre. Elle est sans doute la reproduction de la règle romaine *nemo potest mutare sibi causam possessionis ;* mais on ne doit pas l'entendre dans
un sens trop étendu. Il est besoin en cette matière
de distinguer entre ce qui est de l'essence même
du titre et ce qui n'est au contraire qu'une circonstance accidentelle. Rien ne peut atteindre l'essence
même du titre, sans quoi le contrat serait démembré
et perdrait toute sa force. Supposez en effet une
concession précaire; pourra-t-elle jamais cesser d'être
telle qu'elle a été accordée, et la plus longue durée
pourra-t-elle jamais faire que vous possédiez à titre
de propriétaire.

Mais si la substance même du titre n'est pas tou-
chée, si une condition accidentelle est seule effacée,
la prescription est possible ; c'est ce qui arrive toutes
les fois qu'un acquéreur prescrit la libération des
servitudes réservées par le vendeur dans le contrat
d'aliénation, et c'est uniquement dans ce sens qu'il
est vrai de dire que l'on peut prescrire contre son
titre.

20. Un possesseur ne prescrit pas contre son titre
quand il acquiert au delà de l'étendue qui lui avait
été primitivement concédée. Mais pour la partie
acquise *outre le titre primordial*, il ne pourra invoquer
que la prescription trentenaire ; car, en réalité pour
cette acquisition nouvelle, il n'a pas de titre, ce qui
exclut la prescription de 10 ou 20 ans.

Les anciens n'ont attaché tant de prix au titre que
parce qu'il sert à déterminer l'étendue et la nature

de la possession, et la règle *semper ad primordium tituli posterior formatur eventus* ne veut dire qu'une chose conforme du reste à la raison, c'est que, peu importe la durée plus ou moins longue de votre possession, s'il se trouve un titre qui la vicie et en détruise l'effet. La possession centenaire elle-même ne vaudrait qu'en l'absence d'un titre. La possession, même de cent ans, n'est en effet que la présomption d'un titre, présomption qui doit nécessairement tomber devant la réalité. « La raison de cela,
» dit Duplessis, est que la prescription de 20 ans
» et plus n'est qu'un titre fictif, à défaut du véri-
» table et réel; lorsqu'on rapporte un titre vicieux,
» on ne peut plus faire de fiction, on ne peut plus
» présumer de titre légitime, il faut seulement exa-
» miner celui que l'on rapporte, et voir quel a été
» le droit de celui qui veut s'en servir (1). »

On comprend dès lors facilement pourquoi les anciens disaient qu'il valait mieux n'avoir pas de titre
que d'en avoir un vicieux, car celui qui n'est que
présumé, est au moins présumé légitime et juste,
tandis que celui qui apparaît réellement peut être
manifestement contraire aux prétentions déjà soulevées. « Aussi, dit Etienne Pasquier dans ses Instituts
» de Justinien, on se doibt bien donner de garde de
» produire un titre qui répugne à sa possession......
» parce que ce titre étant par devers vous en vostre
» maison, estoit comme un ver qui rongeoit votre

_____

(1) Duplessis. Presc., 1, 3.

» possession de bonne foi,..... (1). » Il cite à sujet
un arrêt rendu en 1557 contre l'évêque de Clermont
en faveur de Catherine de Médicis. Jean de Bourbon,
que représentait la reine, avait pour la guerre contre
les infidèles engagé son comté à un évêque de Clermont moyennant une certaine somme : et l'évêque
actuel, en joignant à sa possession celle de ses prédécesseurs se trouvait en avoir eu la jouissance pendant
plus de 200 ans. Le procès était donc gagné sans
nul doute. Mais « l'évesque, soit que de propos dé-
» libéré il voulût perdre sa cause en faveur de la
» reine, soit par une inadvertance merveilleuse, ayant
» produit le titre d'engagement, perdist sa cause,
» parce qu'il détruisait sa possession, laquelle est le
» fondement de la prescription, car qui jouit d'une
» chose comme d'un gage *non sibi sed alii possidet,*
» *atque ideò nulla est pignoris possessio.* »

SECTION III.

De la bonne foi.

21. « Les jurisconsultes, dit d'Argentré, appellent
» bonne foi l'ignorance dans l'acquéreur de la sei-
» gneurie d'autrui dans la chose ou de quelqu'autre
» droit, et la mauvaise foy la connaissance réelle que
» la chose appartient à un autre (2). » La bonne foi

(1) Et. Pasquier. Instit., ch. 67.
(2) Sur l'art. 269 de Bretagne.

se présume lorsqu'elle est basée sur un titre qui est par lui-même translatif de propriété, et alors c'est au propriétaire à apporter la preuve contraire.

Ça été une question importante dans l'ancien droit de savoir si la bonne foi doit être requise non-seulement au début de la possession, mais même à chaque instant de la durée. En droit romain, la bonne foi n'était exigée qu'au commencement de la possession, qu'au moment de la tradition de l'héritage, et il était si peu nécessaire de la conserver pendant tout le temps du délai légal de prescription que l'héritier de mauvaise foi pouvait prescrire une chose que le *de cujus* avait possédée de bonne foi : les deux possessions du défunt et du successeur universel n'en faisaient qu'une, qui avait eu au début le caractère nécessaire, la bonne foi (1).

22. Le droit canonique avait adopté un système contraire : c'était blesser la conscience que d'admettre une possession qui, à toutes les époques, n'avait pas été accompagnée de bonne foi : « *Vigi-* » *lanti studio,* disent les décrétales, *cavendum est ne* » *malœ fidei possessores simus in prediis alienis :* » *quoniam nulla antiqua dierum possessio juvat malœ* » *fidei possessionem.* » Il résulte des termes généraux de cette règle canonique que la prescription immémoriale elle-même est assujétie à la condition de bonne foi.

23. Le droit coutumier hésita entre ces opinions

(1) Lol 2, § 19, D., *pro emptore.*

si tranchées; les uns rangèrent les décisions de l'Église au nombre de ces lois qui n'intéressent que la conscience et ne peuvent régir la société civile. Charondas cite en effet, au liv. 7 de ses réponses, l'espèce d'un acquéreur évincé pour partie et qui avait connu par la procédure engagée l'existence de créanciers antérieurs à lui pour la partie à l'occasion de laquelle il n'avait pas été inquiété; et il décide que, quant à cette dernière partie, l'acquéreur peut valablement la prescrire, bien que depuis le procès il ne lui soit plus possible d'arguer de son ignorance et de sa bonne foi.

24. D'autres suivirent les principes ecclésiastiques. « Parmi nous, dit Duplessis dans son Commentaire » sur la Coutume de Paris, on tient qu'il faut que la » possession soit accompagnée de bonne foi, et cela » fondé sur les termes de même de la coutume. » L'article 123 dit en effet : « Si aucun a joui et possédé l'héritage à juste titre et de bonne foi, » montrant ainsi que la jouissance et la possession devront toujours avoir été accompagnées de bonne foi. Chopin, dans son livre 2, tit. 8, § 2, sur la coutume de Paris, exprime la même idée. Mais on n'allait pas jusqu'à forcer le possesseur à restituer, si la mauvaise foi ne survenait qu'après l'accomplissement de la prescription, « car dans ce cas là ce n'est plus le bien d'autrui, » mais le vôtre que vous retenez, puisque la loi vous » en a donné la propriété définitive (1). »

_____

(1) Sainte-Beuve, Cas de conscience, tom. II, pag. 47.

25. Les commentateurs qui avaient suivi le droit canonique ne pouvaient pas admettre la règle romaine dans les questions de jonctions de possession, aussi s'accordaient-ils à décider que la bonne foi devait se trouver autant dans la possession de l'auteur que dans celle du successeur, sans se préoccuper si l'acquisition était à titre universel ou particulier. Quant à la question de savoir si la mauvaise foi de l'aliénateur préjudicierait à l'acquéreur qui renoncerait à se servir de la possession vicieuse de son vendeur, ils la résolvaient par une distinction. L'acquisition était-elle à titre universel, le possesseur voyait sa possession s'absorber dans celle de son auteur, et la prescription de son chef était impossible si la possession originaire avait été vicieuse. Était-elle à titre particulier, la disjonction des possessions devenait possible, et par suite la prescription pouvait s'accomplir. C'est d'après ce principe que Chopin, sur la coutume d'Anjou, décide que si les fermiers, usufruitiers ou détenteurs précaires quelconques ne peuvent jamais prescrire contre le véritable propriétaire, cependant leurs ayants cause à titre particulier auront le droit de prescrire de leur chef, pourvu que leur possession distincte ait toujours été accompagnée de bonne foi.

SECTION IV.

Des absents et présents.

26. En présence des termes vagues des coutumes,

la question de présence et d'absence en matière de
prescription de 10 ou 20 ans a été fort controversée.
Les auteurs qui les commentaient y trouvaient écrit
le mot *province* emprunté, du reste, à la loi romaine;
mais quelle était la signification et l'étendue de ce
terme, voilà où commençait la divergence. Les uns
regardaient comme absents ceux qui demeuraient
dans des évêchés différents; et en effet cette opinion
acquiert une certaine force quand on se rappelle que
telle avait été la décision rapportée dans les Établissements de France, livre 1er.

Dupineau, voyant dans la coutume d'Anjou la reproduction littérale de la disposition romaine, appellait
province l'étendue de pays régie par la même coutume (1).

27. Mais on trouva bientôt plus rationnel de déterminer la présence ou l'absence des possesseurs
par l'étendue des juridictions; le demandeur aurait
ainsi plus de facilité pour intenter son action. Faber
établit le premier que l'on devait entendre par provinces les bailliages et sénéchaussées. « *In regno*
» *Franciœ,* écrit-il dans sa glose sur la loi dernière
» au Code, *de prescript. longi temporis, ubi sunt se-*
» *neschalli et baillivi videtur eadem provincia quœlibet*
» *seneschallia vel baillivia; nec attenderem castellanias*
» *nec comitatus per hanc legem sed solum baillivias.* »
Cette interprétation triompha (2), et Imbert émit

(1) Sur l'art. 430 d'Anjou.
(2) Brodeau, sur l'art. 116, Paris.—De Lommeau. Maximes, liv. 3.

la même opinion dans son *Enchiridion juris* au mot *absence*. Les coutumes de Paris (art. 116), de Meaux (art. 81), de Melun (art. 170) y furent conformes, et réputèrent présents ceux qui demeuraient dans la même sénéchaussée, et absents ceux qui demeuraient dans des bailliages ou des sénéchaussées différents.

28. On considérait, en outre, le domicile des parties et non la situation des héritages, de telle sorte que ceux qui habitaient dans la même sénéchaussée étaient censés présents, quand même les biens de la prescription desquels il s'agissait étaient situés à une grande distance.

Ceux qui ont un domicile dans une sénéchaussée et qui dans une autre exercent une fonction, sont réputés présents dans les deux endroits : on tient compte en matière de prescription du domicile de dignité qui, dans tout autre cas, n'aurait aucune importance (1). Quant à ceux qui n'ont point de domicile et qui vivent en vagabondage, Cujas les considérait comme présents partout; la doctrine n'a pas admis cette opinion et les traite comme absents toutes les fois qu'il s'agira de prescription.

29. Il peut arriver que le propriétaire contre lequel on prescrit, après avoir été présent pendant la moitié de la prescription, soit réellement absent pendant le temps qui reste encore à courir avant qu'elle soit accomplie; la coutume suit alors la règle du

---

(1) Ricard, sur l'art. 116, Paris. Cujas, *loco cit.*

droit romain, et l'on double le temps de l'absence.

30. Voici quelles étaient les principes généraux sur cette matière, et ce que l'on peut appeler le droit commun de la France. Mais des difficultés spéciales à la province d'Anjou s'étaient élevées. On se demandait si les sénéchaussées d'Angers, de Beaufort, de Beaugé, de Saumur et de la Flèche étaient des sénéchaussées distinctes, et si le propriétaire qui demeurait dans l'une d'elles devait être réputé absent vis-à-vis de celui qui avait son domicile dans une autre. La raison de douter venait de ce qu'il n'y avait qu'un sénéchal d'Anjou, et il semblait logique d'en conclure que les juridictions diverses étaient plutôt les divers siéges d'une même sénéchaussée, que des sénéchaussées séparées. La question fut résolue par des arrêts du 29 juillet 1673 et du 14 février 1689 : ils jugèrent que l'aîné d'une famille noble pouvait, par l'application de l'article 223 de la coutume d'Anjou, prélever un préciput dans chacun des ressorts d'Angers, de Beaugé et de Saumur. C'était trancher par là même la difficulté; car si ces sénéchaussées sont réputées différentes au cas de préciput, elles doivent l'être, à plus forte raison, quand il s'agit d'absence ou de présence en matière de prescription.

CHAPITRE III.

DE LA PRESCRIPTION DE 30 ANS.

SECTION 1re.

Quelles en sont les conditions.

31. La coutume de Paris s'exprime d'une façon fort précise qui fait bien comprendre la nature et l'étendue de la prescription trentenaire. « Quiconque,
» dit l'article 118 de cette coutume, a joui, usé et
» possédé un héritage, rente ou autre chose pres-
» criptible par 30 ans continuellement, tant par lui
» que par ses prédécesseurs, franchement, publi-
» quement et sans aucune inquiétation, supposé qu'il
» ne fasse apparoir de titre, il a acquis prescription
» entre âgés et non privilégiés. »
Les articles 431 de la coutume d'Anjou et 446 de la coutume du Maine s'expriment à peu près dans les mêmes termes. Il en résulte donc que le titre n'est nullement exigé. Celui qui, soit par lui-même, soit par l'union de sa possession à celle de ses auteurs, aura accompli la période de 30 ans, n'est plus tenu de représenter de contrat. Le possesseur qui allègue la prescription trentenaire n'a donc à prouver qu'une seule chose, sa possession. Dès lors que, soit par témoins, soit par preuve littérale telle que celle qui résulterait de baux, de quittances, de francs-fiefs, de marchés d'ouvrage ou d'aveux, il a fait remonter

cette possession à plus de trente ans, elle est présumée légalement avoir continuée sans interruption,
sauf preuve contraire. Le laps de temps crée la présomption d'une cause d'acquisition légitime. Encore
cette preuve de possession trentenaire n'est-elle
exigée que quand l'adversaire a un titre, car autrement on n'aurait qu'à appliquer la maxime romaine :
In pari causâ melior est causa possidentis. Il vaudra
donc souvent mieux se renfermer dans une simple
allégation de prescription que de représenter un titre :
car ce titre peut être vicieux, et constituer le possesseur
actuel en état de précarité. Or, comme la présomption
résultant de la possession trentenaire n'est pas de celles
que les anciens auteurs jugeaient inattaquables et qu'ils
appelaient *juris* et *de jure*, elle tomberait ainsi devant
la preuve positive d'une impossibilité légale. Il doit
être tenu pour constant que les coutumes n'ont pas
exigé de titre en cette matière, excepté la coutume de
Bruxelles qui le requiert formellement dans son article
premier, au titre des prescriptions.

32. Il faut en dire autant de la bonne foi : les
dispositions de nos coutumes d'Anjou et du Maine se
taisent à cet égard, mais elles excluent ainsi tacitement cette condition qu'elles ont bien soin d'exiger
quand il s'agit de la prescription de 10 ou 20 ans.
Si quelques autres suivent sur cette question le droit
canonique et la règle écrite au ch. 5e *extra de præscript.* (1), elles font en ceci exception au droit com-

(1) Monfort, art. 162. Amiens, 142. Melun, 161.

mun. L'usage de ne point exiger la bonne foi était
même tellement établi en France , que, dans les
procès où il était question de prescription trentenaire, on dispensait le possesseur de la formalité du
serment (1).

33. Quant à la distinction entre les présents et les
absents, elle n'a point généralement lieu en cette
matière. Le texte est muet à cet égard : et ce silence
est significatif, car les quelques coutumes qui ont
conservé cette distinction s'en sont expliquées en
termes formels (2).

A l'exception du titre et de la bonne foi , les conditions ordinaires sont exigées pour la prescription
trentenaire : il lui faut, comme à celle de 10 ou de
20 ans , une possession continue et paisible ayant
pour objet une chose qui n'ait pas été mise hors du
commerce par privilége, car quelle que soit la faveur
de la prescription de 30 ans , elle ne peut faire acquérir au possesseur d'un héritage l'affranchissement
des droits dont l'héritage est grevé, si ces droits sont
imprescriptibles de leur nature; par exemple , s'il
s'agit de droits seigneuriaux ou de biens d'Église.

34. Enfin, au point de vue de la supputation du
temps, la prescription acquisitive est plus favorisée
que la prescription libératoire. La première est réputée accomplie dès que le dernier jour de la 30°
année est commencé : dans le seconde, au contraire,

_____

(1) Pocq. de Liv., des prescrip., ch. III.
(2) Châtellenie de Lille, art. 17. Lille, ch. 6, art. 1.

le dernier jour doit être absolument écoulé. « La rai-
» son en est, dit Pothier, que cette prescription n'est
» fondée que sur la négligence du créancier qui n'a
» pas intenté d'action dans le temps prescrit par la
» loi : or, il l'intente dans le temps, lorsqu'il l'intente
» le dernier jour de la 30ᵉ année, ce dernier jour
» faisant partie de ce temps de 30 ans (1). »

SECTION II.

De la prescription en matière féodale.

§ 1ᵉʳ. De seigneur contre seigneur.

35. Le domaine de supériorité ne peut jamais se
prescrire en tant que droit, et l'héritage qui y a été
une fois soumis, ne peut s'en affranchir même par
la plus longue des possessions; mais ce domaine
peut passer d'une tête sur une autre, et si le fonds
de terre assujéti ne peut changer d'état, il peut du
moins changer de seigneur. La coutume d'Anjou
garde le silence sur les prescriptions de cette nature,
mais celle de Paris s'exprime à ce sujet de la façon
la plus formelle. « Cens portant directe, dit l'arti-
» cle 123, est prescriptible par seigneur contre sei-
» gneur et se peut prescrire par 30 ans contre âgés
» et non privilégiés et par 40 ans contre l'Église,
» s'il n'y a titre ou reconnaissance dudit cens, ou

(1) Pothier, sur l'art. 231 de la coutume d'Orl.

» que le détenteur ait acquis l'héritage à la charge
» dudit cens. »

36. Il s'agit dans cet article de deux seigneurs,
dont l'un pendant 30 ans ne s'est pas fait reconnaître par les possesseurs de l'héritage soumis au
cens, tandis que l'autre, pendant le même espace
de temps, a fait sur cet héritage des actes consta-
tant des droits seigneuriaux, en exigeant, par exemple, des reconnaissances censuelles. Mais pour que
ces reconnaissances établissent une quasi possession
trentenaire suffisante pour l'acquisition du domaine
de supériorité, il faut qu'elles soient au moins au
nombre de deux, et que l'intervalle qui s'est écoulé
entre chacune d'elles soit de 30 ans. C'est ici l'application pure et simple de la règle si connue : *Probatis extremis, media presumuntur.* Il faut de plus
qu'elles soient authentiques, car si le prescrivant ne
rapportait que des quittances particulières, ces titres
privés ne feraient foi qu'entre les parties et ne con-
stitueraient pas une preuve suffisante à l'égard des
tiers (1). Il en est de cette prescription comme de la
prescription de 30 ans. Celui qui pendant le temps
requis s'est fait reconnaître seigneur d'un héritage
au préjudice de celui qui était le véritable ayant
droit, n'a pas besoin de prouver sa bonne foi ou de
représenter un titre. La présomption s'établit en sa
faveur; c'est à l'adversaire à la faire tomber par des
preuves contraires.

(1) Pothier, *Oblig.*, n° 751, § 4.

Il faut, en outre, pour l'établissement de cette prescription, que les possesseurs de l'héritage qui ont passé des reconnaissances censuelles au profit de l'usurpateur ne fassent pas vis-à-vis du véritable seigneur dont ils relèvent des actes qui constatent leur dépendance. En effet, si le véritable seigneur vient à être reconnu d'une façon quelconque, s'il exerce son droit, s'il fait une saisie censuelle, la prescription ne peut plus courir contre lui, car la possession du prescrivant n'est plus paisible. C'est dans ce sens qu'il faut, selon Pothier, entendre la fin de l'article 123 de la coutume de Paris; et si les possesseurs de l'héritage assujéti ont fait à deux seigneurs les reconnaissances censuelles, ou bien si, en donnant ces reconnaissances à l'usurpateur, ils ont acquis du véritable seigneur un fonds grevé de droits seigneuriaux, le véritable seigneur n'a plus rien à craindre, et la prescription est impossible.

Laurière va plus loin : il prétend que la possession à l'effet d'acquérir ne pourrait être fondée sur des reconnaissances émanées des héritiers d'un possesseur qui aurait reconnu le véritable seigneur dont il relève; il voit là une infraction à la règle : nul ne peut prescrire contre son titre; mais il vaut mieux admettre avec Pothier qu'elles seraient une base valable de prescription, si les héritiers n'avaient jamais de leur chef reconnu le vrai seigneur, et que d'ailleurs le prescrivant fût de bonne foi en les recevant en obéissance (1).

(1) V. Pothier, presc., part. II, § 269.

« En effet, dit Domat, la bonne foi nécessaire pour
» acquérir la prescription ne se considère qu'en la
» personne de celui qui a possédé et la mauvaise foi
» de son auteur ne peut lui nuire. Ainsi celui qui
» croit que son vendeur est maître de la chose qu'il
» lui vend ne laisse pas de prescrire quoique ce ven-
» deur fût un usurpateur (1). »

37. Bien que l'article 123 de la coutume de Paris
ne parle que des censives, on doit en étendre les
dispositions aux fiefs. Pour qu'un seigneur prescrive
la seigneurie directe d'un fief qui relève réellement
d'un autre seigneur, il suffit d'une période trentenaire pendant laquelle il ait reçu les aveux des détenteurs du fief, et pourvu que ces propriétaires n'aient
fait vis-à-vis du véritable seigneur aucun acte de
reconnaissance. Dans les coutumes de Berry et de
Nivernois (2), le prescrivant ne peut alléguer de
possession valable qu'autant qu'il y a eu deux ouver-
tures du fief servant ou deux saisies féodales dû-
ment notifiées; mais ces conditions ne doivent pas
exister dans les coutumes qui ne les ont pas expressément établies, parce qu'il suffit, d'après le droit
commun, que le prescrivant représente deux aveux
émanant des propriétaires de l'héritage assujéti et séparés l'un de l'autre par un laps de temps de 30 années (3). Le véritable seigneur a pourtant moyen de
faire cesser le cours de cette prescription acquisitive;

(1) Domat, *Lois civiles*, tit. vii, art. 10, sect. 5.
(2) V. Coquille, sur la Cout. de Nivernois.
(3) Pothier, prescrip., § 270 et ss. — Paris, art. 123. — Ni

il n'a qu'à faire dans les 30 ans au seigneur dont il relève lui-même un aveu qui comprenne dans ses termes la mention de l'héritage que l'on est en voie de prescrire à son préjudice.

38. Un effet important de cette acquisition par 30 ans de la seignéurie directe est de transférer à celui qui a prescrit, non pas la seigneurie telle qu'elle existait aux mains du véritable possesseur du droit, mais une seigneurie directe, nouvelle, dont l'étendue se détermine par la nature même des aveux qu'ont fait les propriétaires du fief servant.

« Le nouveau droit de seigneurie, dit Pothier, pré-
» vaut et détruit l'ancien droit de seigneurie directe
» qu'avait l'ancien seigneur contre qui la prescrip-
» tion a été acquise; la seigneurie directe ou domaine
» de supériorité d'un même héritage ne pouvant pas
» être par devers deux différents seigneurs, de même
» que deux différentes personnes ne peuvent avoir
» chacun pour le total le domaine de propriété d'une
» même chose, *duo non possunt esse domini in so-*
» *lidum.* »

L'ancien droit est si bien détruit et la nouvelle acquisition si différente que, si le prescrivant s'est fait *reconnaître en fief* pendant 30 ans par les possesseurs d'un héritage qui n'était assujéti au véritable seigneur qu'à charge de cens, il acquiert, non pas un droit de censive, mais un droit de seigneurie féodale. Tel qu'il

vernois, art 15. — Henrys, II, liv. 3, quest. 12. — Loysel, Inst. cout., presc., règle 26.

est, le nouveau droit s'incorpore à la seigneurie de celui qui l'a acquis par prescription; il fait partie intégrante de ses biens, et à ce titre relève du seigneur dominant duquel relève le prescrivant lui-même.

§ 2. De la prescription de seigneur contre vassal.

39. La prescription ne fut pas d'abord admise entre seigneur et vassal. Le lien féodal resserré par les guerres intestines fut regardé comme indissoluble. Les seigneurs, perpétuellement en lutte, avaient besoin d'hommes et les vassaux avaient besoin de protecteurs : il n'y avait pas jusqu'à la forme même des procédures qui n'éloignât toute idée d'une acquisition quelconque faite par le moyen de la prescription. Le litige s'engageait devant le seigneur suzerain par des dépositions de témoins de part et d'autre et finissait par le combat judiciaire.

Ce fut vers le quinzième siècle, que quelques esprits d'élite pressentirent les avantages de la législation plus complète du droit romain. Saint Louis propage, autant qu'il peut, les idées romaines, il abolit le duel judiciaire dans ses domaines; et, pour faire admettre le système des prescriptions romaines, il introduit pour la première fois la prescription de la mainmorte. « Longue tenue de 20 ans de serf contre » seignor, dit-il dans ses Établissements, et même- » ment en franchise, ne peut être brisée selon droit » écrit au Digeste, et pour ce messire li roy défend

» les nouvelles avouëries connues et loyaument prou-
» vées (1). »

40. Une fois que l'imprescriptibilité des fiefs fût
entamée, on établit bientôt des règles nouvelles, et
on l'attaqua de tous côtés. Mais on la respecta dans
la forme, car la coutume de Paris, rédigée en 1510,
portait dans son article 7 que : « Le seigneur et
» vassal ne peuvent prescrire l'un contre l'autre. »
Mais cette imprescriptibilité n'était plus qu'un mot ;
car Dumoulin, dans son *Traité des fiefs*, n'a l'air de
reconnaître cette règle que pour y déroger aussitôt.
Instruits par ses explications rationnelles, les rédacteurs de 1580 réformèrent l'article 7. L'article 12
de la nouvelle coutume porta que : « Le seigneur
» féodal ne peut prescrire contre son vassal le fief
» sur lui saisi ou mis en sa main par faute d'hom-
» mes, droits et devoirs non faits ou dénombre-
» ment non baillé..... » La prohibition, comme on
le voit, s'était singulièrement restreinte ; elle se
réduisait au seul cas de saisie, et cela n'était pas
même l'application du droit féodal, c'était simplement la mise en œuvre des règles du droit commun.
En droit commun, en effet, le dépositaire est incapable de prescrire, et le seigneur qui a saisi le fief
de son vassal ne peut être autre chose qu'un dépositaire de justice (2).

41. Excepté dans ce cas particulier de saisie ou de

(1) Étab. de St Louis, part. 2ᵉ. ch. 31.
(2) Coquille, sur Nivern., quest. 259.

main-mise, la prescription courait contre le vassal au profit du seigneur, comme elle courait au profit d'un tiers : c'est le sentiment de Brodeau dans son Commentaire sur l'article 12 de la coutume de Paris. La seule condition requise pour que cette prescription coutumière ait lieu entre seigneur et vassal, c'est que le seigneur ne possède pas *jure feudi*, mais bien *jure dominii*. Nous voyons encore ici l'application de ce principe vulgaire, qu'il faut posséder à titre de propriétaire pour arriver à la prescription. Le vassal, pour rentrer en possession de son fief, devra seulement prouver que le seigneur possède en vertu d'une saisie féodale; mais tous les auteurs sont d'accord pour reconnaître que cette preuve doit être faite par lui seul. Alors il arrivera que le seigneur constitué ainsi détenteur précaire devra rendre le fief, quelque longue qu'ait été sa possession, à moins qu'il n'établisse que cette possession a été justement intervertie. « *Tenebitur dominus possidens*, dit Dumoulin, *hoc casu* » *probare.... possessionem illam feudatariam, sive jure* » *et potestate feudali obtentam, interversam esse; et* » *incœptum esse rem possideri pleno et proprio jure* » *possidentis tanquam non feudalem* (1). »

Les coutumes d'Anjou et du Maine reproduisent le mêmes idées : « Le seigneur de fief, dit en effet » la coutume d'Anjou, peut acquérir l'héritage ou » autre droit de son sujet, ou autre servitude, par » prescription ou ténement de 30 ans sans titre sur

(1) Dumoulin, sur l'art. 7 cout. de Paris.

» l'héritage tenu de lui et non de moins, sinon que
» le seigneur eût possédé le fief de son vassal par
» saisie ou main-mise, par faute d'homme, droits ou
» devoirs non payés (1). »

Il résulte des termes mêmes de l'article que toutes
les fois qu'il y aura lieu à prescription, c'est la prescription trentenaire qu'il faudra invoquer : mais il ne
faudrait pas croire que cette prescription fût applicable aux tiers qui avec titre et bonne foi ont acquis
du seigneur le fief en litige à titre particulier; car ces
ayants cause particuliers ignorant la possession vicieuse de leur auteur et n'étant pas obligés de joindre
cette possession à la leur comme les successeurs universels peuvent prescrire par 10 ou 20 ans. « L'article
» 113, dit Ferrière, porte généralement et indistinc-
» tement que tout possesseur de bonne foi prescrit
» par 10 ou 20 ans l'héritage qu'il a acquis, et pour
» cette prescription trois choses sont seulement re-
» quises : bonne foi de l'acquéreur, titre et posses-
» sion continuée pendant 10 ou 20 ans; partant ces
» trois conditions se rencontrant en la personne de
» celui qui aurait acquis du seigneur un fief qu'il
» aurait saisi, il pourrait soutenir qu'il en aurait
» acquis le domaine par prescription (2). »

42. Les anciens auteurs coutumiers regardaient
comme importante et difficile la question de savoir si
le seigneur suzerain pouvait prescrire la mouvance

(1) Anjou, 439. Maine, 450.
(2) Ferrière. Inst. cout.

des sujets du seigneur son vassal. Les uns, parmi lesquels Dupineau, ne voyaient en cela que l'effet d'une prescription légitime et pensaient que, pour qu'elle eût lieu, il suffisait que le suzerain eût été reconnu par les vassaux au préjudice du seigneur médiat. D'autres combattaient cette prescription, et il faut avouer que leurs raisons moins conformes au droit strict se rapprochent bien plus de l'équité. Il faut, disaient-ils, que la bonne foi règne entre le seigneur et le vassal, à cause même de leur position respective. Or, en recevant directement les obéissances des sujets du vassal, le suzerain manque de bonne foi ; car l'aveu est un titre commun entre lui et son vassal, et il pres-crit ainsi contre son titre. La raison la plus décisive pour repousser une semblable prescription se fondait surtout, selon nous, sur la facilité trop grande qu'au-rait eu le suzerain d'usurper les droits du vassal, par la propension qu'auraient eus les vassaux à faire foi et hommage à celui qu'ils regardaient comme plus puissant et dont ils croyaient la protection plus effi-cace ; d'ailleurs comment le seigneur vassal se serait-il aperçu des deux ou trois actes d'obéissance que ses sujets auraient faits clandestinement à l'égard du suzerain ; comment aurait-il interrompu la prescrip-tion qui courait à son préjudice : trop souvent il eût négligé de constater ses droits en exigeant le cens, droit d'ordinaire si minime qu'on en laisse aisément accumuler les arrérages ; enfin il fût arrivé souvent que pendant les 30 ans il ne se fût présenté aucune

ouverture de fief qui lui permît de faire reconnaître
sa seigneurie.

« Par toutes ces raisons, dit Pocquet de Livon-
» nière, j'ai toujours pensé que le suzerain ne pou-
» vait jamais prescrire à son profit la mouvance directe
» des sujets de son vassal,..... et qu'il devait la lui
» rendre aussitôt qu'il en serait requis. »

SECTION III.

De la prescription des servitudes rurales discontinues.

43. Nulle servitude sans titre, telle est la maxime
consacrée par le droit commun et reproduite par
Loysel dans ses Institutes coutumières (1). La coutume se séparait ainsi d'une façon précise du droit
romain ; l'intérêt général réclamait la liberté des héritages, et d'ailleurs il était à craindre que des actes,
qui primitivement n'avaient eu pour base que la
tolérance ou la familiarité, devinssent après coup et
par la seule durée de la possession de véritables démembrements de propriété. La coutume d'Anjou
déroge ici au droit général en termes trop précis pour
qu'il ne soit pas intéressant de l'étudier brièvement.
« Quant aux servitudes ruraux, dit l'article 449,
» comme d'avoir sentier ou voie par le domaine
» d'autrui, à pied, à cheval, à charrettes et à bêtes,

_____

(1) Paris, art. 186.

» mener boire à l'étang ou vivier d'autrui, ou pour
» autres causes comme bêcher terre, arène ou sa-
» blon au fonds d'autrui, ou autres semblables,
» elles se peuvent acquérir sans titre par trente ans
» continuels de prescription et non pas moins de
» temps en matière pétitoire. » Le texte reproduit
ici d'une manière expresse la disposition de la
loi 10 D., *si servitus vindicetur*, et les principes du
droit romain. Les servitudes rurales pourront être
acquises par la prescription trentenaire sans qu'on
soit obligé de rapporter un titre constitutif. Mais il
faut remarquer d'abord que la règle commune est
maintenue à l'égard des servitudes urbaines : l'article 450 s'exprime ainsi à cet égard : « En débat de
» servitudes de maisons voisines en bonnes villes et
» faubourgs, comme de vues, gouttières, privoises,
» tours, canaux, et autres débats qui surviennent
» touchant servitudes, ténement ne prescription de
» temps, n'y court point, soit telles servitudes
» latentes ou apparentes.....; mais est-on reçu à
» alléguer portions, stipulations, appointements et
» autres consentements des parties, apparaissants
» par lettres ou autres preuves suffisantes. »
Les termes de cet article ne peuvent laisser aucun
doute; le titre devra être représenté; sans cela la
prescription ne pourra jamais s'accomplir. Les servitudes urbaines rentrent donc dans le droit commun.
Quant aux servitudes rurales elles-mêmes, elles ne
s'en écartent que lorsqu'elles présentent le caractère
de la discontinuité. Les servitudes qui ont « cause

» discontinue comme d'agouts de maisons, d'aller
» et venir ô charrottes ou à pied ou à cheval par le
» fonds d'autrui ou telles autres servitudes semblables
» s'acquièrent par trente ans et non moins, *s'il n'y a*
» *titre comme dit est* (1). » Les derniers mots rappel-
lent l'art. 449 et sont la preuve que les rédacteurs
de la coutume ont entendu réunir les deux articles
et les compléter l'un par l'autre.

44. A prendre le texte des articles 449 et 454, il
semblerait que l'on doit regarder comme susceptibles
d'être acquises par la prescription trentenaire les
servitudes de voie et de sentier qui sont mises au
nombre des servitudes rurales. Aussi de la généralité
de la disposition coutumière, Dupineau avait conclu
qu'après une possession de 30 ans, il n'est plus besoin
de s'enquérir si cette servitude a été établie par celui
qui en souffre ou si elle a été tolérée par amitié ou
bon voisinage. Il la déclare acquise d'une façon définitive après un temps aussi prolongé.

45. Cette conclusion conforme à l'esprit et au texte
de la coutume n'avait cependant point été admise par
la jurisprudence. Loin d'entendre les articles d'une
façon aussi extensive, les arrêts en avaient au contraire
restreint l'application en certains cas spéciaux. Le
principe sera l'imprescriptibilité en l'absence du titre;
la prescription ne sera jamais qu'une exception. Il
parut en effet aux magistrats que la disposition du
droit coutumier d'Anjou était exorbitante et qu'il fal-

(1) Anjou, art. 454.

lait la ramener autant que possible au droit commun (1). Cette idée, du reste, avait déjà frappé les
réformateurs de la coutume du Maine : et, dans la
nouvelle coutume, ils n'avaient pas reproduit l'article
de l'ancienne qui déclarait les servitudes rurales
prescriptibles par 30 ans; et loin de compléter par
notre article 449 cette lacune volontaire, l'usage et
la jurisprudence avaient constamment assimilé les
servitudes rurales aux servitudes urbaines dont s'occupe l'article 450. Il eût été très périlleux de consacrer ainsi les envahissements dirigés contre la
propriété, et protégés dans le début par la tolérance
des maîtres et l'incurie des fermiers. « Si l'on pouvait
» remonter, dit Pocquet de Livonnière, jusqu'à
» l'origine des servitudes de voie et de passage, on
» trouverait presque toujours qu'elles ont eu quelques-
» uns des motifs ci-dessus pour principe, et que
» dans la suite, quoique les motifs de leur etablis-
» sement aient cessé, elles ont été tolérées ou par
» complaisance ou par négligence (2). »

46. Mais il faut dire aussi que la doctrine de la
jurisprudence doit être appliquée avec modération. Il
faut ne pas être trop minutieux pour l'admission des
titres représentés, et celui qui, au lieu de rapporter
un titre réel de concession, fonderait sa possession
trentenaire sur une contradiction formelle opposée par
écrit au possesseur de l'héritage, devrait être écouté

(1) Arrèts de 1654, du 24 août 1659 et du 31 août 1669.
(2) Observ. 2e sur l'art. 449, Anjou.

dans sa demande. Cette contradiction lève en effet
tous les doutes et exclut tout soupçon de précaire
ou de familiarité ; c'était, du reste, la décision de
l'article 3 de la coutume du Berry au titre des servitudes. Supposons encore le cas d'un possesseur
enclavé, dont l'héritage, il est vrai, « *n'aboutit pas à*
chemin, » mais qui, pour l'exploitation de son fonds
est dans la nécessité absolue de passer sur le domaine
d'autrui. Il faudra évidemment lui accorder le bénéfice de la prescription trentenaire, sans cela son
terrain lui serait inutile, et d'ailleurs il pourrait toujours contraindre son voisin à lui donner passage
moyennant indemnité (1). La possession de 30 ans
fera donc dans cette espèce présumer qu'il est intervenu une convention entre les deux propriétaires, et
que celui qui souffre de l'exercice de la servitude en
a reçu une juste et préalable indemnité.

CHAPITRE IV.

DE LA PRESCRIPTION DE 40 ANS CONTRE L'ÉGLISE.

47. Il nous reste à examiner la prescription de
40 ans, dont le principal effet est de faire acquérir
la propriété du domaine de l'Église. L'Église, en effet,
considérée comme personne morale, avait été, en raison
même des grands intérêts qu'elle représentait, ran-
gée parmi les personnes privilégiées dont parlent

(1) Coquille, sur Nivernois, quest. 74.

presque toutes les coutumes. Cependant cette proscription quadragénaire était inconnue aux premiers siècles
de notre ère. La conversion des empereurs au chris-
tianisme n'avait profité à l'Église qu'en ce que la loi
1 C., *de Sac. eccl.*, lui avait conféré le droit d'acquérir par legs ou donations entre-vifs. L'empereur
Anastase fut le premier qui, dans la loi dernière au
Code, *de fundis patrimonialibus*, liv. 11, mit à l'abri
de tout trouble ceux qui auraient possédé pendant 40
ans avec ou sans titre les biens dépendant du patrimoine ecclésial.

Justinien, circonvenu par des influences occultes,
promulgua ensuite la loi 24 C., *de Sac. eccl.*, qui
portait à 100 ans le terme de la prescription contre
l'Église d'Orient (privilége étendu bientôt à celle
d'Occident par une Novelle adressée au pape Jean II);
mais cet état de choses dura peu; et sentant
lui-même les inconvénients de la faveur qu'il avait
accordée, il remit en vigueur la constitution d'Anastase (1).

48. L'Église romaine seule, par un privilége spécial, conserva, selon quelques-uns, la prescription
centenaire (2). Cette exception fut aussi confirmée
par les décrétales de Grégoire IX, au titre des prescriptions. Mais les Capitulaires de Charlemagne, qui
reproduisent l'authentique presque tout entière, gar-
dent le silence au sujet de ce bénéfice exceptionnel (3).

(1) Nov. 111e et 131.
(2) L. 24 C., liv. 1, tit. 2. — Nov. 131, ch. 6.
(3) Cap., liv. 5, ch. 236.

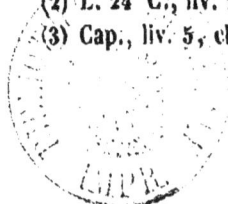

Les édits des rois ne s'expliquent pas d'une façon catégorique ; ils se contentent de dire qu'à l'exemple des biens d'église, les biens de la couronne sont inaliénables.

49. Quant aux coutumes, la plupart admettent en faveur de l'église la prescription de 40 ans (1). Cependant celle de Berry ne reconnaît, même dans ce cas, que la prescription trentenaire. La coutume d'Anjou est plus précise : « Prescription, dit-elle, ne court » contre le patrimoine de l'église par moins de temps » de 40 ans. » La coutume du Maine est aussi explicite à cet égard (2). Cependant il faut entendre ici le mot patrimoine dans un sens restreint et limité : les meubles ne sont pas compris dans l'exception et restent soumis à l'usucapion de 3 ans. Les termes mêmes de l'authentique *quas actiones : « Usucapione » triennii vel quadriennii præscriptione in suo robore » durantibus, »* indiquent cette différence profonde faite dès le début entre la prescription des meubles et celle des immeubles. D'ailleurs les commentateurs des coutumes interprètent toujours par fonds de terre le mot *patrimoine* toutes les fois qu'ils le rencontrent. Ainsi donc les immeubles seuls jouissaient du bénéfice de la prescription quadragénaire, les meubles restaient au contraire soumis au droit commun. « J'ay assez dit ailleurs, écrit Pocquet de Livon- » nière dans son Commentaire sur notre coutume,

_____

(1) Cout. de Paris, art. 123.
(2) Cout. d'Anjou, 447. Maine, 459.

» le peu d'égard qu'on a en droit pour les meubles,
» c'est à peu près par cette raison que les arrérages
» de fermes, lods ou ventes, de relief ou rachat,
» de cens, de rentes foncières ou féodales, ou gé-
» néralement de profits seigneuriaux appartenant à
» gens d'église, ne tombent point sous le cas de la
» prescription quadragénaire, qu'elle n'y a pas lieu,
» ou plutôt qu'ils sont prescrits par une prescrip-
» tion moins longue, parce que des arrérages échus
» étant des fruits séparés du fonds sont de purs meu-
» bles..... »

50. Les arrérages, les droits féodaux séparés du fonds et regardés comme fruits ne jouissent donc pas du bénéfice extraordinaire de n'être prescrits que par 40 ans, même quand ils sont aux mains de gens d'église. En effet, à bien examiner, il ne s'agit pas dans cette matière de l'intérêt de l'église tout entière, intérêt qui a justifié une protection exceptionnelle ; il ne s'agit que d'un intérêt individuel, c'est-à-dire de la perte plus ou moins grande que doit subir le titulaire du bénéfice, ou l'ecclésiastique qui en est créancier (1). Mais ce créancier ne doit pas être sauvegardé et restitué contre sa propre négligence ; s'il perd, c'est à lui qu'il doit s'en prendre de n'avoir pas exigé en temps utile ce qui lui était légitimement dû. Ces arrérages, et pour parler d'une façon plus générale, ces meubles ne seront donc protégés que par une action personnelle, soit qu'ils appar-

_____

(1) Covarruvias, liv. 1, chap. 4.

tiennent à des personnes laïques ou ecclésiastiques,
ainsi que l'établit l'article 181 de notre coutume ;
« car, dit Bacquet, les fruits échus n'ont jamais été
» compris sous le mot patrimoine (1). » Il suit de là
que la prescription quadragénaire est inapplicable aux
biens patrimoniaux et personnels que posséderont les
gens d'église, soit qu'ils les aient acquis à titre onéreux, soit qu'ils les aient reçus par succession ou
donation. La prescription de 30 ans reprend son
empire (2). La prescription de 40 ans n'a été introduite que pour conserver intacts les biens fonds qui
appartiennent à l'Église, parce que l'on a considéré
que les immeubles présentaient plus de sûreté, et
par conséquent elle ne s'appliquera que relativement
aux actions *réelles* que l'Eglise voudrait intenter ;
encore faudrait-il que ces actions réelles eussent
pour objet l'acquisition par une église d'un ancien
patrimoine appartenant à une autre église : car, dans
le cas où elle succéderait aux droits d'un particulier,
il faut décider qu'elle n'a aucun privilége, et qu'elle
doit, de même que le fisc, être régie par les règles
du droit commun (3).

51. Mais maintenant devra-t-on tourner contre
elle le bénéfice de la prescription quadragénaire, si
elle vient à être poursuivie à propos d'un bien quel-

---

(1) Bacquet, du Droit de déshérence, chap. 7, nos 21 et 22. —
Chopin., de Dom., l. 3, tit. 9, § 9.

(2) D'Argentré, Cout. de Bret., art. 266, ch. 20. — Dupineau,
notes sur l'art. 448, Anjou.

(3) Chopin, de prescript., Cout. d'Anjou, 20, 21.

conque qu'elle prétend avoir prescrit. Cette question
fort controversée devrait peut-être se résoudre par
une distinction. La prescription de 30 ans suffirait
à l'Église pour répondre aux prétentions des laïques
qui plaideraient contre elle, par application de la loi
6 C., liv. 2, des empereurs Théodose et Valentinien,
*quod favore quorumdam constitutum est, quibusdam
casibus ad læsionem eorum non volumus inventum videri.*
Mais quand une église agit contre une autre église,
les décrétales consacrent la nécessité de la prescription quadragénaire. « L'église, dit Despeisses, ne peut
» prescrire contre une autre église que par ledit es-
» pace de 40 ans (1). »

52. Il nous reste maintenant à examiner quel doit
être en droit le point de départ de la prescription
quadragénaire ; le temps commencera-t-il à courir du
jour de l'aliénation elle-même ou du jour de la mort
de l'aliénateur? Il semble, au premier abord, que la
prescription doit commencer son cours du jour de
l'aliénation, car peu importe la vie ou le décès de
celui qui a vendu; la seule chose requise, c'est la
possession continuée pendant 40 ans. Cependant les
docteurs et la jurisprudence ne décident pas ainsi :
ils assimilent l'Église à un fils dont le père a aliéné
les propres maternels sans le consulter, ou à la femme
en puissance du mari, et de même que dans ces deux
cas la prescription ne court que du jour du décès du
père ou de la dissolution du mariage, de même elle
ne court en matière ecclésiastique que du jour du

_____

(1) Despeisses, tom. II, part. 4e, lit. 4, § 32.

décès du titulaire aliénateur (1). En effet, si on ne regardait pas comme non avenu le temps qui a couru pendant la vie de celui qui s'est dépouillé, l'église serait lésée par le fait même de celui qui eût dû la défendre. Tant que vit le titulaire, l'église n'a point de défenseur, il eût fallut que l'aliénateur lui-même combattît son propre contrat. « En sorte, dit Des-
» peisses, que ladite prescription ne commence pas
» à courir du jour du contrat préjudiciable à l'église,
» mais seulement du jour du décès du prélat ou abbé
» qui a fait ledit contrat. Autrement il pourrait ar-
» river que l'abbé ou autre ecclésiastique aliénant
» vivrait en cette qualité après l'aliénation quarante
» ans, et ne pouvant, pour son honneur qu'il préfé-
» rerait à bien de l'église, révoquer ce qu'il aurait
» aliéné, priverait l'église du bénéfice de la loi (2). »

53. L'intérêt de la conservation des biens de l'église qui domine si manifestement cette matière avait fait entourer l'aliénation de ces biens de formalités multiples et si rigoureuses, qu'il semble presque impossible que cette aliénation du patrimoine ecclésiastique se fissent dans des conditions qui rendissent admissible la prescription de 40 ans. Il fallait en effet, dit le chapitre 1, *de rebus eccl. non alienandis*, au titre *Extra de prescriptionibus*, le consentement des parties intéressées, l'avis du supérieur, un procès-verbal de

---

(1) Louet, arrêts du 1er février 1631 et 7 septembre 1594, ch. 11, p. 1.
(2) Despeisses, tom. II, part. 4, tit. 1, § 32, *in fine*. — V. aussi Dumoulin, not. sur Alex., III, cons. 9. — *Contrà*, cout. de Gorze, tit. 14, art. 9.

vente et d'estimation, une enquête de *commodo vel in-
commodo*, l'intervention du ministère public, et l'enre-
gistrement des lettres patentes au siége royal du lieu
où étaient situés les héritages que l'on voulait aliéner :
et de plus aucune de ces diverses formalités ne pouvait se prouver par présomption, il lui fallait une
justification expresse. Cependant il pouvait arriver que
le titre ne fût représenté par aucune des parties ; bien
plus le titre lui-même attestait quelquefois la bonne
foi du possesseur. Ce dernier pouvait en effet avoir
acquis d'un usurpateur laïque qu'il regardait comme
légitime propriétaire. Dans ce cas, selon l'avis de
Dumoulin (conseil 44), la possession de 40 ans était
pleinement suffisante et trouvait son application. Si,
au contraire, le titre représenté ne prouvait l'accomplissement d'aucune des formalités requises, il
était tellement opposé à la possession que la prescription même centenaire était dans ce cas inutile (1).
L'église rentrait donc en ce cas dans la possession
des biens aliénés ; mais il résulte d'un arrêt du 21
mars 1600, rapporté par le Prestre (2), qu'elle devra
les impenses utiles et à plus forte raison les impenses
nécessaires qui ont été faites sur les fonds par le
possesseur évincé.

54. La prescription quadragénaire ne concernait
que les anciens acquêts ecclésiastiques que notre
article 447 appelle héritage de fondation ancienne.
Mais pour les acquêts nouveaux, c'est-à-dire pour les

(1) Journal du Palais, arrêt du 20 mars 1674.
(2) Cout. i, ch. ii.

accroissements de l'église qui ne datent que de 30 ans en Anjou et de 40 ans dans le Maine, le privilége n'existe plus. Cependant peut-être faudrait-il voir dans le délai de 30 ans, dont parle la coutume d'Anjou, une faute de rédaction et lire 40 ans comme dans la coutume du Maine ; car le roi pouvait dans ce délai les forcer à abandonner leur possession, à moins qu'il ne lui plût de recevoir le droit d'amortissement ; et dès lors l'église ne pouvait invoquer de privilége contraire à l'exercice du droit royal. Quoi qu'il en soit, l'église avant ce délai de 30 ou 40 ans n'est pas encore devenue propriétaire incommutable. Comme les laïques, elle est soumise à l'autorité des seigneurs féodaux qui peuvent lui enjoindre de vider ses mains (1) ; comme les laïques, par conséquent, elle doit être soumise à la prescription commune : « Car » son héritage nouvellement acquis, dit Pocquet de » Livonnière, n'est point réputé jusque-là être le » patrimoine de l'église. » Mais il ne faut appliquer la dénomination d'acquêts nouveaux qu'aux héritages acquis des laïques à titre particulier, comme par achat ou donation : car la disposition de l'art. 447 étant établie contre la règle du droit civil et canonique doit être entendue dans un sens restrictif. Elle n'aura donc pas lieu à l'égard des choses que l'église reprendra par retrait féodal, comme le pense Chopin dans son Commentaire sur la coutume d'Anjou (2).

---

(1) Cout. d'Anjou, 37. Maine, 41. Dumoulin, sur Paris, art. 51.
(2) Chopin, cout. d'Anjou, liv. 2, tit. *de dom. retr.*, n⁰ˢ 6 et 7 — Loysel, règle 13, presc.

CHAPITRE V.

DE LA PRESCRIPTION DE CENT ANS.

55. La prescription centenaire fut, comme nous l'avons dit plus haut, le privilége spécial de l'église de Rome. Le pape Urbain VIII tenta bien, en 1641, d'étendre cette faveur à toutes les églises, mais sa bulle ne fut point acceptée en France, et la prescription quadragénaire fut la seule admise (1).

56. Cependant en France même l'abbaye de Gorze paraît avoir été fondée à se mettre, en matière de prescription, sur la même ligne que l'église romaine. L'article 8 de la coutume de Gorze dit en effet : « Touchant l'ancien domaine de l'abbaye de Gorze, » bénéfices en dépendants ou mouvants, appelés » vulgairement le patrimoine de sainte Gorgone, il » est estimé d'ancienneté à l'instar du patrimoine » de saint Pierre, ou domaine papal, *contre lequel* » *prescription ne court que de cent ans et jour* (2). »

57. Les religieux de Saint-Denis jouissaient du même privilége; Henri III, par lettres patentes datées de l'année 1577, les avait exemptés de toute prescription moindre de cent ans.

58. L'ordre de Malte allait plus loin : il prétendait

(1) Urceolus. de trans., quest., 79, n° 12. — V. Anjou, art. 448. — Maine, 459. — Loudun, art. 7 et 9, ch. 20.

(2) Cout. de Gorze, ch. 14.

n'être soumis à aucune espèce de prescription. Il se
fondait sur une bulle de Clément VII, du 2 janvier
1523, qui s'exprime ainsi : « *Quacumque præscriptione*
» *seu longissima pacifica possessione et detentione non*
» *obstante.* » Ces termes, quelques vagues qu'ils
fussent, étaient regardés par les maîtres de l'ordre
comme une exemption formelle de prescription (1).
L'ordre invoquait aussi des lettres patentes d'Henri II,
datées de l'année 1549.

Du reste, bien avant la bulle de 1523, en l'année
1313, le pape Clément V avait prohibé l'aliénation
des biens de l'ordre, défense qui avait été reproduite
par les bulles de Jean XXII (1318), de Grégoire II
(1373), d'Eugène IV (1444) et d'Innocent VIII (1489).

Les termes de la bulle d'Innocent VIII étaient même
plus précis que ceux de la bulle de Clément VII.
« *Sublato,* disait la bulle de 1489, *ipsis occupatori-*
» *bus omni etiam præscriptionis adminiculo...* »

59. Les anciens commentateurs n'admirent pas
l'explication de la bulle telle que l'entendaient les
chevaliers de Malte. Ils soutinrent que les mots « *lon-*
gissima præscriptione » de la bulle de Clément VII
ne devaient être appliqués qu'au laps de temps de
trente ou de quarante ans, et que, d'ailleurs, il était
peu rationnel de supposer que Clément VII eût placé
l'ordre de Malte dans une position meilleure que
l'église de Rome elle-même.

60. La coutume d'Anjou, conforme au droit com-

---

(1) Chopin, de sacra politia. Liv. 3, ch. 7, *in fine.*

mun de la France, ne reconnut point à l'ordre de
Malte un aussi exorbitant privilége. Un chevalier de
Malte, auquel on objectait la prescription de quarante
ans accomplis, fut débouté de ses prétentions à l'imprescriptibilité par sentence du siége du présidial
d'Angers du 10 mars 1639.

61. Cependant cet arrêt n'était pas accepté par
tous les jurisconsultes. Un grand nombre, parmi
lesquels Pocquet de Livonnmière, tout en refusant à
l'ordre un droit à l'imprescriptibilité, lui accordaient
cependant la faveur de la prescription centenaire.
Se fondant sur les Lois 1, 4, 8 C., *quibus non ob-
jicitur præscriptio,* ils disaient que les chevaliers
devaient être réputés continuellement absents pour
l'intérêt de la cause chrétienne, parce qu'ils étaient
toujours aux prises avec les infidèles avec lesquels il ne
doit y avoir ni paix ni trève. Mais ils reconnaissaient,
en même temps, que l'ordre de Malte, quelque protégé qu'il dût être, ne devait cependant pas avoir
plus de priviléges que l'église de Rome. « Ne recon-
» naître aucune prescription, dit Pocquet de Livon-
» nière, est un excès qui dégénère en vexation et
» ne saurait subsister.... quelque favorables qu'ils
» soient, ils ne le sont pas plus que l'église romaine
» en faveur de laquelle seule cette longue prescrip-
» tion a été tolérée (1). » Cette opinion fut, du reste,
confirmée par un arrêt du grand conseil du 10 septembre 1677.

_____

(1) Obs. sur l'art. 417, Anjou.

62. Les immunités que procurait le privilége de
la prescription centenaire tentèrent d'autres corps
ecclésiastiques qui , sous le prétexte qu'ils relevaient
immédiatement du saint-siége, prétendaient parti-
ciper à la faveur dont on l'avait gratifié. Mais deux
arrêts , l'un du parlement de Grenoble, daté de 1469,
et l'autre du grand conseil, daté de 1708 , ne laissent
aucun doute sur le rejet de leur demande. Par le
premier arrêt, les religieux de la Merci, par le second,
les moines de Cluny, furent déboutés de leurs prétentions.

CHAPITRE VI.

DE LA PRESCRIPTION DES MEUBLES.

63. Les anciens praticiens , tels que Bouteiller,
Imbert, Masuer, etc, admettaient presque tous que les
meubles en France ne se prescrivaient que par le même
espace de temps que les immeubles. Mais peu à peu le
système du droit romain s'introduisit, et Mornac (sur
la l. **20 C.**, *de pactis*) rapporte que le premier arrêt,
qu'il sache avoir jugé sur cette question, fut rendu en
1595 en faveur d'un sieur de la Boulais , gouverneur
de Fontenay, en Poitou. On revendiquait contre lui
certains meubles qui lui avaient été donnés, il y avait
déjà plus de trois ans, par le cardinal de Bourbon (1).

_____

(1) Peut-être cependant n'est-ce pas l'application de la prescription
triennale qui a dicté cet arrêt, mais bien plutôt la maxime , que *meu-*

64. Cependant quelques coutumes continuèrent à exiger la prescription de trente ans en matière de meubles. L'article 10 de la coutume de Berry s'en expliquait formellement : il en était de même de celle d'Oudenarde. Cette règle était également reçue dans les ressorts de Toulouse et de Bordeaux. « Dans les pays de droit écrit, dit Serres dans ses » Institutes de droit français, on ne peut acquérir » les immeubles non plus que les meubles que par » une prescription de trente ans qui est appelée en » droit *longissimi temporis.* » Beaucoup d'auteurs pensaient, en effet, que tel devait être le droit commun des pays de coutumes, et cette doctrine fut confirmée par un arrêt du Parlement de Paris à la date du 11 juillet 1738. En 1718, un sieur de Montargis s'était rendu adjudicataire de la terre du Bouchet qui était saisie réellement sur le sieur du Bosc. Dans le château se trouvaient douze bustes représentant des empereurs romains, lesquels n'étaient ni attachés ni incorporés aux murs, mais seulement placés sur des piédestaux scellés au plancher. En 1736, la veuve du Bosc revendiqua ces bustes et les fit saisir comme meubles en vertu des créances qu'elle avait sur la succession de son mari. La chambre des requêtes lui donna gain de cause. Montargis fit appel, en se fondant sur ce qu'en supposant même (ce qu'il niait) que ces statues fussent meubles, il était néanmoins à l'abri de toute

bles n'a pas de suite par hypothèque (Maine, 136; Anjou, art. 421), puisque c'étaient des créanciers qui exerçaient la revendication.

demande par l'accomplissement six fois réitérée d'un laps de trois ans, qui suffisait d'après le droit romain à la prescription mobilière. La dame du Bosc répondait que dans les coutumes muettes, comme celle de Paris, le droit commun, c'est-à-dire dans l'espèce la prescription trentenaire, devait seul être appliqué. La sentence des premiers juges fut confirmée.

65. La prescription triennale comptait cependant des partisans nombreux, et plusieurs coutumes l'admettaient expressément. Telles étaient celles de Melun, d'Amiens, d'Anjou, du Maine, de Sedan, de Gand, de Courtrai, de Clermont, de Luxembourg, etc. Le Parlement de Dijon, si l'on en croit le témoignage de Raviot, suivait les dispositions du droit romain. La coutume de Bourgogne disait en effet : « L'usucapion » de chose meuble demeure selon l'ordonnance et » disposition du droit écrit. » Il résulte aussi des termes mêmes des lettres patentes de François Ier, datées du 19 mai 1517, qu'en Provence on admettait la même règle. De graves auteurs, en présence de ces usages, avaient pensé que la prescription de 3 ans devait être regardée comme le droit commun en matière de prescription mobilière. C'était le sentiment de Brodeau dans son Commentaire sur l'article 118 de la coutume de Paris. Dunod était du même avis : « Les » meubles, dit-il, se prescrivent par *trois ans* avec » titre et bonne foi. Les meubles de l'église sont su- » jets à cette prescription. Elle est *communément re-* » çue dans tout le royaume...... »

67. J'en ai dit assez pour prouver que la pres-

cription de trois ans était, sinon le droit commun, au moins le droit le plus généralement admis. La législation romaine triomphait, et dès lors il faut reconnaître que, pour prescrire par trois ans, on devra réunir quatre conditions. Il faudra : 1° un juste titre; 2° la bonne foi; 3° une possession paisible et continue pendant trois ans; 4° posséder une chose qui soit prescriptible,

67. Quant au titre, il faut examiner si le meuble n'excède pas cent livres. Dans ce cas, le titre écrit n'est pas absolument nécessaire, et on sera admis à la preuve testimoniale. Cette preuve doit même, selon Pocquet de Livonnière, être admise *dans tous les cas*, quelle que soit la valeur du meuble. « Il y » en a qui prétendent, dit-il, que le commerce des » choses mobilières se faisant d'ordinaire verbale » ment et sans écrit, on est recevable à prouver son » titre par témoins *quoique le meuble excède cent* » *livres;* je suivrais volontiers cette opinion (1). » Dupineau développe la même doctrine dans son Commentaire sur l'article 419 de la coutume d'Anjou.

68. La bonne foi est, en droit coutumier, le fondement de toute prescription moindre de trente ans; aussi est-elle requise pour la prescription triennale, non-seulement dans la personne du possesseur, mais encore dans celle de l'auteur. En effet, celui qui transmet, à quelque titre que ce soit, une chose mobilière qu'il sait appartenir à autrui commet un

(1) Pocq. de Livon., sur l'art. 419, Anjou.

vol et rend ainsi désormais la prescription impossible.

69. La possession doit être paisible et continue ; c'est la règle générale. Mais là s'arrêtent ordinairement les coutumes ; elles n'exigent rien de plus dans la possession du meuble que l'on veut prescrire. Les coutumes d'Anjou et du Maine renferment à ce sujet une disposition exceptionnelle qu'il importe d'examiner. D'après les articles 419 d'Anjou et 434 du Maine, il ne suffit pas pour prescrire un meuble que la possession ait été continue et *sans inquiétation*, il faut de plus qu'elle ait été publique et *notoire*. Voici le texte de ces articles : « Si aucun à bon titre pos-
» sède *publiquement* et *notoirement* aucun meuble
» trois ans continuels, *en la présence* de celui qui
» pourrait prétendre y avoir droit, ou lui étant au
» pays, *tellement qu'il le puisse savoir et n'en puisse*
» *vraisemblablement prétendre cause d'ignorance*, il
» acquiert le droit de la chose, et s'en peut défen-
» dre contre tous ceux qui aucune chose y vou-
» draient prétendre et demander. » La coutume d'Anjou et celle du Maine exigent, on le voit, d'une façon formelle, la *présence au pays* de celui contre lequel on prescrit. Il faut que le maître ait vu cette prescription s'accomplir sous ses yeux et « *ne puisse*
» *prétendre cause d'ignorance.* » Cette exigence vient, dit Pocquet de Livonnière, de ce que les rédacteurs de ces coutumes ont étendu à la prescription des meubles la disposition de l'authentique *malæ fidei*, C.

---

(1) Pocq. de Liv., sur l'art. 449 d'Anjou.

de præscrip. long. temp., qui, sainement entendue, ne doit s'appliquer qu'à la prescription des immeubles (1). Peut-être aussi doit on voir dans cette exigence d'autres motifs dont je parlerai tout à l'heure. (V. *inf.*, n° 74).

70. La quatrième condition requise est la prescriptibilité du meuble, et cela n'est que l'application de cette maxime générale : on ne peut prescrire que les choses qui sont dans le commerce. Le vol est un des obstacles les plus graves à la prescription. A cet égard, les dispositions du droit romain ont été reproduites par les coutumes. Si la chose d'autrui se trouve entre les mains du possesseur sans qu'il y ait eu de sa part l'*animus furandi,* la prescription devient possible. Mais, dans le cas contraire, le propriétaire peut revendiquer sa chose, en quelques mains qu'il la trouve. La jurisprudence était conforme à cette doctrine, comme le prouve un arrêt du 14 mars 1616 rendu dans l'espèce suivante. Des pierreries avaient été confiées à une tierce personne qui devait les vendre. La femme qui avait reçu ce mandat donne les pierreries en gage à un de ses créanciers. Le propriétaire des diamants fut autorisé par l'arrêt à reprendre sa chose dans les mains du créancier sans être même obligé à lui rembourser sa créance (2).

71. Il est vrai que Mornac, sur la loi 44 D., *pro socio*, cite un autre arrêt du 28 août 1609 qui semble

(1) V. Pocq. de Liv., sur l'art. 419, Anjou.
(2) V. aussi arrêt du 9 mars 1630, — Brodeau, sur l'art 176 de Paris — Ricard, *loc. cit.*

consacrer une doctrine tout opposée. Il y voit une contradiction complète ; car il s'agit, dit-il, d'une espèce identique dans les deux arrêts qui se combattent. Dans ce second cas, en effet, des pierreries avaient été aussi remises à une tierce personne pour être vendues : le dépositaire les vendit ; mais il s'en appropria le prix de vente. Le propriétaire ne fut autorisé à reprendre les diamants qu'après avoir remboursé à l'acheteur le prix d'achat.

72. La contradiction n'est pourtant qu'apparente, et il me semble que Mornac tombe dans une grave erreur en assimilant les deux espèces. Dans la dernière, en effet, la personne qui a été chargée de vendre a accompli son mandat ; elle n'a pas commis de vol puisqu'elle a vendu du consentement du propriétaire. La vente est donc parfaite, car le vol ne tombe pas sur les diamants, mais sur le prix qui en provient. L'acheteur était donc en sûreté, et ce n'est que par des considérations d'équité que le juge a ordonné la restitution de la chose : aussi l'acheteur a-t-il dû être remboursé avant la restitution du meuble, restitution qui n'eût jamais été ordonnée, d'ailleurs, si l'acheteur avait eu, à l'époque de la revendication du propriétaire, une possession triennale. Dans la première espèce, au contraire, le mandataire, en donnant en gage des choses qu'on l'avait chargé de vendre, a outrepassé son mandat. Il a disposé de la chose contre la volonté du maître : le vol apparaît et donne lieu à la revendication pure et simple de l'objet indûment aliéné. Les deux arrêts, loin de se contredire, sont donc l'application exacte des principes qui ont déjà été posés (V. *supra*, n° 70).

73. Le vice de vol est purgé par la vente judiciaire. Un meuble vendu aux enchères publiques ne peut plus être revendiqué sous le prétexte qu'il avait d'abord été volé. La coutume de Sedan (art. 326) s'explique à ce sujet de la façon la plus formelle. La jurisprudence avait aussi adopté ce système, en se fondant sur cette idée que l'acheteur a pour garants, dans de pareilles ventes, la foi publique et l'autorité de la justice. Il en sera de même pour les choses mobilières vendues en marchés ou foires, car celui qui achète sans fraude et sous la garantie de la foi publique doit être protégé. La revendication ne sera permise au maître qu'à la condition de rendre l'acheteur complétement indemne (1).

74. Ainsi donc, en thèse générale et sauf les exceptions que j'ai indiquées, les choses furtives mobilières échappaient à la prescription. Peut-être cependant pourrait-on soutenir que dans les coutumes d'Anjou et du Maine les choses entachées de vol étaient prescriptibles par une possession de trois ans continus et accompagnée de titre, de bonne foi et de *publicité*. Plusieurs raisons militent en faveur de cette opinion. D'abord la généralité même des termes des articles 419 d'Anjou et 434 du Maine indique que les rédacteurs n'ont voulu faire, en matière de prescription, aucune différence entre la chose furtive et

_____

(1) V. Coquille, Cout. de Nivern., t. 21, art. 16.

celle qui ne l'est pas. L'art. 419 dit en effet : « Si
» aucun à bon titre possède publiquement et *notoi-*
» *rement* aucun meuble trois ans continuels....., il
» s'en peut *défendre contre tous ceux qui aucune chose*
» *y voudraient prétendre et demander.* »

De plus, cette possession, accompagnée de la présence du maître et de la connaissance vraisemblable
que le propriétaire doit avoir de la prescription qui
le menace, doit produire des effets plus étendus
que la possession ordinaire qui n'exige pas ces conditions. Enfin, en rapprochant nos articles de ceux
qui les suivent immédiatement, on voit d'une façon
évidente que la coutume embrasse les choses furtives
dans sa disposition. Les articles 420 d'Anjou et 435
du Maine concernent si bien, en effet, les choses
volées, qu'ils imposent des peines à celui qui
s'en trouve saisi et qui « *n'est pas pris en garan-*
» *tage,* » et comme ces articles sont liés intimement
aux articles 419 et 434 qui les précèdent et qui
traitent des meubles en général, il faut en conclure
que la coutume s'occupe peu du vice de vol qui peut
entacher la chose mobilière, et *qu'en tous les cas* elle
la soumet à la prescription triennale.

75. Mais cette prescription de trois ans ne s'appliquera qu'aux meubles corporels ou aux actions
qui tendent à recouvrer des meubles de cette nature.
Les meubles incorporels, tels que les créances, les
cédules, les billets et les actions qui y seront relatives, se prescriront par trente années.

DROIT CIVIL.

—

DE LA PRESCRIPTION A L'EFFET D'ACQUÉRIR.

CHAPITRE Ier.

NOTIONS GÉNÉRALES.

1. « A la seule idée de prescription, disait M. Bi-
» got-Préameneu dans son *Exposé des motifs* au corps
» législatif, il semble que l'équité doive s'alarmer et
» repousser celui qui, par le seul fait de la possession
» et sans le consentement du propriétaire, prétend
» se mettre à sa place........ Cependant, de toutes les
» institutions de droit civil, la prescription est la
» plus nécessaire à l'ordre social (1). » Les expressions de l'éminent jurisconsulte prouvent que, dans
la pensée du législateur, la prescription a été établie
en droit français par le même motif qu'en droit romain, c'ést-à-dire en vue de mettre obstacle à l'in-

(1) Fenet, pag. 573.

certitude perpétuelle des propriétés et d'établir une garantie nécessaire à la paix publique. Il peut arriver, il est vrai, que l'équité soit parfois blessée, mais ce ne sera jamais que dans des cas particuliers, et c'est là le sort de toute loi humaine.

2. Ici se présente une question d'une haute importance : la prescription doit-elle être considérée comme dérivant du droit civil ou comme une institution de droit naturel? Les auteurs se divisent. Gaius dans la L. 1 D., 41, 3, Cujas dans le Commentaire de cette loi, et Grotius la regardent comme une création du droit civil. Au contraire, Cicéron dans son livre *De Officiis*, d'Argentré dans sa coutume de Bretagne, Merlin et M. Troplong (presc., ch. 1, § 2) la considèrent comme étant de droit naturel (1). Il nous semble plus vrai de dire, avec Marcadé (ch. 1, § 4), qu'elle tient à la fois à ces deux droits : au droit naturel elle emprunte et son origine et sa raison d'être, au droit civil, ses formes et ses conditions d'application et de validité.

3. La loi distingue deux espèces de prescriptions; l'une qui fait acquérir un droit, l'autre qui éteint une obligation. C'est de la première seulement que je traiterai dans ce travail.

4. La prescription se fonde sur cette idée, que le propriétaire s'occupe ordinairement assez de la conservation de son droit pour ne pas laisser un autre l'exercer à sa place. Si donc la loi voit un possesseur

____

(1) Cicéron, *De Off.*, l. 2, § 22 et suiv.

jouir publiquement et sans trouble, elle suppose avec
raison, qu'il jouit de sa propre chose et non de
celle d'autrui, car sans cela sa jouissance n'eût été
ni publique ni paisible. Voici, je crois, toute la
théorie de la prescription : la loi raisonne du connu
à l'inconnu. Du fait connu, elle s'élève par une déduction logique au droit inconnu ; de la possession,
elle conclut à la propriété.

CHAPITRE II.

ÉLÉMENTS DE LA PRESCRIPTION ACQUISITIVE.

5. Le mot prescription a bien changé depuis son
origine : en droit romain, il ne désignait qu'une res-
triction mise à la formule délivrée par le préteur ;
c'était une véritable exception, écrite il est vrai, en
dehors de la place ordinaire. Mais de même qu'à
Rome on avait fondé le droit sur la durée de la possession, de même, dans notre législation actuelle, le
fait, pour devenir un droit, a besoin de la consécration du temps. Ce temps variera sans doute, et à
mesure que le délai s'accourcira, les conditions se
multiplieront. Quand on prescrira par trente ans, par
exemple, il ne faudra que la possession et le délai
voulu ; quand on prescrira par 10 ou 20 ans, on
ajoutera deux éléments de plus, la bonne foi et le
juste titre. Mais, en résumé, possession et durée,
voilà les deux principaux caractères que la loi de-
mandera à la prescription pour l'admettre comme

preuve de propriété. En effet, posséder est le but vers lequel tend tout propriétaire; posséder est un fait évident par lui-même et surtout extérieur; c'est sur cette base que doit raisonner le législateur. Mais la possession ne doit pas être momentanée, elle a besoin d'un autre élément qui la consolide et la soutienne; cet élément là, c'est la durée. « Le temps » sans cesse et de plus en plus établit et fortifie le » droit du possesseur (1). »

6. La définition de la prescription acquisitive est désormais facile; c'est l'acquisition de la propriété par la possession légale continuée pendant un temps déterminé. On réunit ainsi les deux idées fondamentales de possession et de durée.

CHAPITRE III.

DE LA POSSESSION.

7. Il n'est pas possible de parler de prescription sans entrer dans quelques détails sur la possession qui en est la base. La possession est, en quelque sorte, l'empreinte de notre personnalité que nous laissons sur la chose d'autrui, et dès lors deux éléments doivent concourir à créer cette action individuelle, le fait et l'intention.

8. Le fait est la relation que l'activité du possesseur établit entre lui et la chose : mais cette activité

(1) Fenet, p. 574.

doit laisser quelques traces et se renouveler dans une
certaine mesure. Peu importe, une fois la relation
établie, que l'action du possesseur sur la chose soit
immédiate ou se reproduise par intermédiaire; ce
qu'il faut, c'est que le fait ait pour objet de tirer de
la chose toute l'utilité et tous les services dont elle
est susceptible.

9. L'intention est la volonté d'agir sur la chose à
titre de propriétaire; et, en cela, il n'est pas besoin
de considérer si cette volonté est juste ou injuste.
On doit, du moins en général, faire abstraction du
titre et de la bonne foi, éléments utiles sans doute,
mais qui n'ont d'influence que sur les effets de la
possession et sur le délai auquel elle doit-être assujétie.

10. Et maintenant si, cherchant à définir la possession, nous consultons l'article 2228, nous voyons
que notre droit semble s'attacher encore à la distinction toute romaine de la *possessio rei* et de la *quasi
possessio juris*. « La possession, dit en effet notre ar-
» ticle, est la détention ou la jouissance d'une chose
» ou d'un droit que nous tenons ou que nous exer-
» çons par nous-mêmes ou par un tiers qui la tient
» ou l'exerce en notre nom. » Le Code oublie ainsi
de renfermer les choses et les droits sous une dénomination collective. Y a-t-il véritablement intérêt
à distinguer la détention de la jouissance, à appliquer
le mot de détention au droit de propriété et celui
de jouissance à la possession des droits? Je ne le
pense pas, et je crois, au contraire, que le raison-

nement du législateur manque de justesse. Qu'en
droit romain on ait établi que les droits ne peuvent entraîner une possession véritable, parce qu'ils
ne peuvent pas être matériellement appréhendés,
cela se conçoit jusqu'à un certain point. Mais en
droit français, une pareille distinction n'a pas de
raison d'être. En effet, que votre possession porte
sur la propriété intégrale ou sur ses démembrements,
ce ne sera jamais que l'exercice d'un droit, avec cette
seule différence que cet exercice sera plus complet
et plus absolu dans le premier cas que dans le second.

11. Examinons enfin comment on acquiert la possession et comment on la perd. On l'acquiert *corpore*
et *animo :* mais il est nécessaire que ces deux conditions concourent. Cependant il ne faudrait pas, ce
me semble, dire avec Pothier (Poss., n° 40) et
après lui M. Troplong (n° 254) que celui qui possède
à titre de vente une chose autre que celle qu'on aurait
dû lui livrer ne possède pas. Il ne serait pas juste de
soutenir, d'un côté, que la chose qu'il aurait dû recevoir ne lui ayant pas été remise, la détention n'existe
pas, et, d'un autre côté, que la chose qu'il a reçue
n'étant pas celle qu'il a cru acquérir, l'*animus domini*
est impossible. Cette doctrine est la reproduction
d'une fausse idée d'Ulpien (V. L. 34 D., 41, 2).
« Sans doute, dit Marcadé, je suis dans l'erreur,
» puisque je crois posséder la chose que j'ai achetée,
» et que c'en est une autre, mais l'erreur n'empêche
» pas la possession; sans doute la chose que je pos-
» sède n'est pas celle que dans l'origine et lors de

» l'achat j'avais ou l'intention de me procurer ,......
» mais autre chose est l'intention originaire , le projet
» primitif que j'avais de me procurer tel objet , autre
» chose l'intention de posséder, l'esprit de maîtrise
» que j'ai aujourd'hui sur tel autre objet (1). » La
question n'est donc pas, dans l'espèce, de savoir si j'ai
voulu acheter une chose plutôt qu'une autre , mais
si la chose que je détiens corporellement est réellement empreinte de l'*animus domini*. En disant donc
que le fait et la volonté ne suffisent pas quand ils
se trouvent séparés, on parlerait d'une façon trop
absolue. On peut acquérir une chose en dehors de
toute appréhension matérielle par la libre disposition
qu'on en a : on peut même quelquefois l'acquérir
sans intention ni détention dans le cas exceptionnel
de l'article 724.

12. Deux conditions sont, en général , nécessaires
pour acquérir; une seule suffit pour conserver, l'intention : et cette intention n'a pas besoin d'exister *singu-
lis momentis*, mais elle persévère tant qu'il ne s'est
pas rencontré une volonté contraire qui se soit mani-
festée par une occupation de plus d'un an.

13. La tradition réelle ou consensuelle d'une chose
implique l'intention de perdre la possession : l'abandon pur et simple produit le même effet, sans qu'il
y ait, il est vrai, de transmission au profit d'une
personne déterminée, mais la perte est néanmoins
définitive, à ce point que, si l'on reprend la chose

(1) Marc., sur l'art. 2228, vi.

abandonnée, on ne peut que commencer une possession nouvelle. Enfin, si au délaissement se joint
l'occupation active d'autrui, la possession est perdue, à moins que nous n'ayons été réintégrés dans
l'année, soit par un acte volontaire de notre adversaire, soit par justice (art. 2243).

14. Après ces notions rapides sur la nature et les
effets de la possession en général, il importe de définir quels seront les caractères qu'elle devra réunir
en elle pour être apte à fonder la prescription. Elle
devra être continue, non équivoque, paisible, non
interrompue et s'exercer à titre de propriétaire.
Examinons en détail chacune de ces différentes qualités.

15. Il faut, d'après la loi, posséder sans intervalle pendant tout le temps exigé. Mais qu'appelle-t-
on posséder sans intervalle? Voilà où commencent
les difficultés et les divergences. Trois sortes de
continuités apparaissent au premier abord : l'une est
l'exercice perpétuel du droit sans interruption matérielle, c'est une action mathématiquement constante
du possesseur sur la chose. Mais cette relation in-
cessante est trop en dehors des habitudes et des faits
ordinaires pour qu'elle ne paraisse pas excessive. La
seconde, au contraire, se reporte tout entière au
début de la possession : une fois acquise, cette possession se continue indépendamment des actes extérieurs et se perpétue par l'intention, pourvu que
d'une inaction trop prolongée il ne résulte pas une
présomption d'abandon. Cette seconde manière d'en-

tendre la continuité est, je crois, trop large et trop vague; elle tient trop peu compte des actes publics, elle oublie que, pour fonder la prescription, la possession doit au moins revêtir les signes apparents de la véritable propriété. La troisième, plus logique, prend sa base dans la nature même de la chose ; elle consiste dans un exercice intermittent , il est vrai, mais dont les différents actes, assez rapprochés pour qu'ils apparaissent comme la conséquence normale de la nature du droit possédé, se relient entre eux par l'intention. De la sorte, le possesseur agit, pendant la durée de la prescription acquisitive, comme s'il était réellement un diligent propriétaire. C'est cette notion de continuité généralement adoptée que l'on a définie : la jouissance ou l'exercice *régulier* d'une chose ou d'un droit.

16. Au fond, les deux dernières opinions diffèrent seulement à l'égard du laps de temps qu'il faudra pour faire présumer l'abandon du droit. Mais celle qui laisse une plus grande latitude au possesseur dans l'exercice de ses actes, me semble dangereuse, bien qu'elle ait été soutenue par d'excellents auteurs, entre autres par M. Belime dans son *Traité de la possession*. La protection qu'elle accorde au possesseur me paraît trop étendue. Il importe sans doute à l'ordre social que les biens ne restent pas sans maître ; mais comme, en définitive, c'est la plupart du temps l'absence du titre qui mène à invoquer la possession, il faut au moins que la possession soit incontestable, et pour cela il est nécessaire que

l'action du possesseur ait été assiduo. On ne doit
d'ailleurs toucher qu'avec réserve au droit du propriétaire, même quand il serait coupable de négligence. Il y a plus : il ne faut pas considérer seulement
les relations établies entre deux individus, le propriétaire et le possesseur; il faut tenir compte de
l'opinion publique; il faut que les autres personnes
soient aussi mises à même de voir les actes extérieurs
constitutifs d'un droit futur. Ces considérations me
portent à admettre l'opinion de Marcadé dans son
Commentaire du titre de la prescription. Lors donc
qu'un propriétaire aura laissé passer un an sans ré-
colter ou sans tirer de la terre qu'il détient l'usage
normal et naturel, la continuité n'apparaîtra plus (1).

17. D'un autre côté, s'il est vrai de dire que le
propriétaire conservera la possession même sans
faits de jouissance et par la seule intention, cette
faveur doit être restreinte à lui seul. Quand c'est le
propriétaire qui possède, la possession se confond,
pour ainsi dire, avec la disposition absolue de la
chose ; elle est soutenue par le droit de propriété
qui la consolide et la maintient par lui-même. Mais
le tiers possesseur ne peut invoquer le même droit.
Comment, en effet, la possession se soutiendrait-
elle dans ce cas? Pour lui il y a des règles tracées,
sa possession doit réunir certains caractères sous
peine d'être improductive. D'ailleurs, en mettant
sur la même ligne le maître et le possesseur, on ne

_____

(1) V. Troplong, presc., n° 339, in fine.

s'occuperait pas assez du propriétaire qui peut-être n'est resté dans une si longue inaction que parce qu'il ne regardait pas comme une possession sérieuse une possession qui ne se traduisait à ses yeux que par des actes éphémères. Avec notre système, au contraire, toute clandestinité disparaît, et l'effet de la possession est subordonné à une diligence et à une activité raisonnables de la part du possesseur. En résumé, il ne faut pas oublier que la possession est un fait avant d'être un droit; et que les actes extérieurs inutiles, il est vrai, pour la conservation d'un droit, sont indispensables pour la constatation d'un fait.

18. La preuve de la continuité n'incombe pas au possesseur; du moment qu'il possède aujourd'hui, et qu'il prouve avoir possédé autrefois, il est protégé par la règle : « *Probatis extremis media presumuntur tempora* (1). Mais dans le cas où il a possédé autrefois sans posséder aujourd'hui, la présomption de possession existera-t-elle en sa faveur? L'ancien droit n'hésitait pas. « Le possesseur d'autrefois, disait » Dunod, est présumé posséder aujourd'hui, et, » jusqu'à preuve contraire, on argumente de la pos- » session passée en faveur de la possession pré- » sente. » Azon disait encore « *De præterito ad præ- sens presomptio inducitur.* » C'est aussi cette opinion que devraient adopter ceux qui soutiennent qu'une fois acquise la possession se conserve *animo solo*

(1) Dunod, p. 18.

dans la personne du tiers possesseur. Il ne s'agit dans ce cas que du début; or, dans l'espèce, le début est certain, et de la preuve d'acquisition devrait nécessairement résulter la preuve de la continuité. Cependant, ils conviennent que la manière de raisonner des anciens auteurs n'est pas admissible dans notre droit, et ils adoptent l'opinion si juste du président Favre : « *Ex possessione præte-* » *rita non probatur dominium, sed potius omissa pos-* » *sessio per actum contrarium subsecutum* (1). C'est suivre, en effet, le véritable esprit du Code que de repousser le système des anciens auteurs, car en examinant avec attention la règle *probatis extremis...*, on voit que la loi, en exigeant la preuve des deux points extrêmes pour croire à la continuité intermédiaire, exclut par voie de conséquence toute autre preuve moins complète.

§ 1er. De la possession paisible.

19. Quand le Code parle de la possession non paisible, entend-il toute possession exempte de la violence dont parle l'article 2233? Dans le cas de l'affirmative, il faudrait reconnaître que la loi s'est répétée ; mais il n'en est pas ainsi. La possession peut n'être pas violente dans le sens de l'article précité et cependant n'être pas paisible.

20. Supposons que la violence, au lieu d'exister de votre chef dès le début de la prise de possession,

(1) Troplong, *de la presc.*, n° 423.

ce qui évidemment rendrait la prescription impossible, vienne au contraire d'un autre qui ne vous laisse ni paix, ni trève, et par des attaques réitérées vous met dans la nécessité de repousser par la force ses envahissements continuels. Direz-vous que, puisque la violence n'est pas primitivement venue de vous, votre possession a été paisible? Le fait résisterait à la conséquence et ce serait aller trop loin. D'un autre côté, penserez-vous que votre possession soit devenue violente et inhabile à la prescription par le seul fait d'autrui, et que la répression d'une attaque soit de la même nature que l'attaque elle-même : le raisonnement manquerait de justesse.

21. La vérité est entre ces deux opinions trop absolues. Vous n'êtes ni un possesseur violent, ni un possesseur paisible, vous êtes un possesseur *violenté*, vous ne tombez pas sous la règle de l'article 2233, mais vous faillissez à l'une des conditions de l'article 2228. Cette opinion soutenue, du reste, par Marcadé et M. Troplong résout la question d'une façon relative, c'est-à-dire la seule manière qui soit juste dans l'espèce.

22. Je ne sais cependant si l'on doit aller aussi loin que ces deux auteurs et, comme M. Troplong (n° 350), exiger, pour que la possession ne soit pas paisible, que « le possesseur soit *tous les ans* vexé » par un rival qui, se proclamant hautement proprié-» taire, descend en armes sur les lieux... et qu'il » faille *autant de fois* livrer combat pour vaincre ses » agressions. » Ne serait-ce pas beaucoup demander

9

pour la constatation d'un simple trouble, d'une pure *inquiétation*, pour me servir des termes mêmes de l'article 113 de la coutume de Paris? La possession peut n'être pas paisible avec des circonstances moins tranchées. Que veut en effet la loi pour fonder le droit de prescription; nous l'avons prouvé au commencement de ce travail, elle veut une présomption légale de propriété; mais tant que les délais qui transforment cette présomption en droit ne sont pas accomplis, c'est un fait qui se produit et non un droit : or, ce fait n'est pas encore défendu par une de ces présomptions légales qui n'admettent nulle preuve contraire. Il n'est pas besoin pour lui ôter son importance et sa signification de tant de troubles et d'agressions répétées, ce qu'un pur fait établit, un fait opposé peut le détruire. Le droit romain l'avait bien compris et ne reconnaissait pour paisible et légitime que la possession « *quæ omnium adversariorum silentio* » *et taciturnitate firmatur* (1). »

23. Il y a donc une grande différence entre la possession non paisible et la possession violente. La violence se manifeste par l'emploi de la force dans la dépossession d'autrui. Cet emploi de la force physique ou morale vicie bien la possession qui en est entachée, mais une fois qu'elle a cessé, le vice légal disparaît et une possession utile peut commencer : si bien que si l'envahisseur lui-même, après s'être mis en possession par violence, continue de jouir

(1) Lol 10 C., *de acq. poss.*

paisiblement, sans clandestinité et sans poursuites
de la part du dépossédé, il acquerra au bout d'un
an la complainte et au bout de trente ans la propriété.
L'article 2233 rejette avec raison la théorie romaine
qui exigeait pour que la chose entachée de violence
redevînt prescriptible le retour de cette chose aux
mains du propriétaire.

24. La discontinuité et l'interruption ont par leur
nature même un effet absolu; tout le monde peut les
invoquer contre le possesseur : il n'en est pas de
même de la violence; son effet, tout relatif, ne se
produit qu'entre deux personnes, celui qui l'a pra-
tiquée et celui qui l'a soufferte; mais il importe peu,
quand il s'agit de lui faire produire un effet contraire
à la prescription, qu'elle se soit exercée contre le
possesseur lui-même ou contre ses détenteurs précaires; « *his dejectis*, disait la loi 1, § 22, D., *de vi*
» *et vi armata, et ipse de possessione dejici videtur.* »

§ 2. De la clandestinité.

25. La possession doit encore revêtir le caractère
de publicité, car il faut au moins que l'attention de
celui contre lequel on prescrit soit éveillée : mais il
résulte de là qu'il ne peut être ici question que d'un
vice purement relatif.

26. La coutume de Melun donne dans son article
170 la véritable définition de sa clandestinité : la
possession est publique, disait-elle, « *quand aucun a
joui au vu et sçu de tous ceux qui l'ont voulu voir et*

sçavoir. » Il n'y a donc point à examiner si le possesseur a réellement vu les empiétements que l'on
projetait contre lui, il suffit que les tentatives d'u-
surpation aient été assez évidentes pour qu'il lui ait
été possible d'en prendre connaissance. Les caves
fouillées sous ma propriété ne seront point clandestines, si des soupiraux que j'ai pu apercevoir révèlent
leur existence; et si, de deux intéressés, l'un peut
les voir, tandis qu'elles restent cachées à l'autre, la
possession sera publique pour le premier et clandestine pour le second.

27. La conséquence de ces principes est que l'on
doit d'abord s'enquérir si la connaissance de l'usurpation a été possible ou non à celui contre lequel
on prescrit, et c'est l'observation exacte des règles
de la matière qui paraît avoir dicté l'arrêt de la cour
impériale de Paris du 28 février 1821.

28. Comme nous ne suivons pas les principes du
droit romain qui remontait à l'origine de la possession pour en déterminer les caractères, la possession
clandestine au début pourra dans notre droit devenir
publique par la suite. On est d'autant mieux fondé à
tirer argument de l'article 2233 que la clandestinité
est moins odieuse que la violence.

29. Mais faudra-t-il dire aussi que la possession
publique à son origine peut impunément devenir clandestine par la suite; la solution est plus difficile : cependant il semblerait que cette modification de la possession doit la rendre impropre à la prescription. La
théorie romaine regardait ce changement comme sans

influence sur le droit du possesseur qui prescrit. Mais cela tenait à ce que l'origine de la possession était seule à considérer, et qu'une fois cette origine pure de tout vice, peu importait que dans la suite on eût celé ce qui d'abord avait été possédé publiquement. Ces idées ont été formellement exclues par le texte de l'article 2233, du moins quant au moment où il faut considérer la possession pour en fixer le caractère. Il est vrai qu'on a cherché à appuyer le système contraire sur l'article 2269 qui ne réclame la bonne foi qu'au moment de l'acquisition. Mais il serait dangereux de raisonner par analogie dans des matières régies par des principes différents. La bonne foi est une circonstance toute personnelle et toute intérieure; qu'importe donc qu'elle existe ou n'existe pas après les premiers moments de la possession? mais la publicité est un fait extérieur, et comme le but que se propose la loi, la mise en éveil du propriétaire, doit exister à chaque instant jusqu'à l'accomplissement du délai, ce n'est pas le début que l'on doit examiner, c'est le temps de la possession tout entier. Au reste, quelle que soit la solution que l'on adopte, on sera toujours obligé de reconnaître que dans le cas d'une possession publique au commencement et devenue clandestine par la suite, il y a au moins possession équivoque, et cela suffit pour mettre obstacle à la prescription.

30. L'équivoque n'est pas un élément nouveau de la possession, c'est un doute, une incertitude qui peut affecter indifféremment tel ou tel de ses carac-

tères. Nous en avons vu un exemple dans cette possession, tantôt publique, tantôt clandestine, que nous
avons examinée au n° précédent. La possession paraît
donc devoir être équivoque d'autant de manières qu'il
y a en elle de conditions requises pour la rendre
propre à la prescription : mais il s'en faut que cette
règle soit aussi générale qu'elle le paraît. Le doute
ne peut naître d'abord sur l'origine de la possession;
car l'article 2231 établit des règles sûres pour se
guider à cet égard. Il n'en peut exister non plus sur
l'idée de maîtrise; l'article 2230 est formel. Enfin
la loi présumant dans l'article 2234 la continuité et
la non-interruption, l'incertitude devient impossible
en matière de continuité et d'interruption.

31. La possession doit encore s'exercer à titre de
propriétaire, mais cette question sera traitée au chapitre de la précarité.

CHAPITRE IV.

DES JONCTIONS DE POSSESSION.

32. « Pour compléter la prescription, dit l'article
» 2275, on *peut* joindre à sa possession celle de son
» *auteur*, de quelque manière qu'on lui ait succédé,
» soit à titre universel ou particulier, soit à titre lu-
» cratif ou onéreux. » Cet article exprime mal la
pensée de la loi, et si l'on voulait la prendre à la
lettre on arriverait à une erreur. On se croirait, en
effet, autorisé à en conclure que la jonction des pos-

sessions sera toujours facultative, aussi bien pour le successeur universel que pour le successeur particulier. Il y a cependant une différence profonde entre ces deux sortes de successeurs ; et nul doute ne peut exister à cet égard, soit que l'on consulte les travaux préparatoires du Code, soit que l'on remonte jusqu'à l'ancien droit où cette inexactitude de rédaction fut puisée. « Le successeur à titre universel, dit l'*Exposé* » *des motifs*, n'a point un nouveau titre de posses- » sion. Il continue donc de posséder pour autrui et » conséquemment il ne peut pas prescrire ; mais le » successeur à titre universel et le successeur à titre » singulier diffèrent en ce que celui-ci ne tient pas » son droit du titre primitif de son prédécesseur, » mais du titre qui lui a été personnellement consenti : » ce dernier titre *peut donc établir un genre de pos-* » *session que la personne qui l'a transmis n'avait pas.* » L'idée du Code devient d'une incontestable évidence après une pareille exposition de principes, et d'ailleurs elle se manifeste plus clairement encore, s'il est possible, dans les dispositions des art. **2237** et **2239.**

33. Ainsi donc une distinction fondamentale s'é- tablit entre l'ayant cause à titre particulier, libre de commencer de son chef une possession qui lui est propre, abstraction faite de la possession transmise, et le successeur universel enfermé, pour ainsi dire, dans la possession primitive du transmettant, n'ayant aucune liberté d'action par lui-même et subordon- nant *forcément* sa possession actuelle à la possession antérieure. Cette règle, fondée sur l'union intime de deux personnalités successives qui se confondent et s'absorbent l'une dans l'autre, doit être prise d'une façon absolue. Les différences que le droit romain, à en croire quelques auteurs, aurait mises entre l'usucapion des meubles et celle des immeubles, relativement à l'union des possessions, n'existent plus dans notre droit. Les conséquences à tirer de ces principes rendent plus facile la solution des questions élevées sur cette matière.

34. Du principe que dans le cas de succession à titre universel il n'y a qu'une seule possession, il résulte d'abord que le successeur d'un détenteur précaire n'échappera jamais à la précarité originaire, quelqu'idée de maîtrise qu'il puisse personnellement avoir sur la chose; en second lieu, que si la mauvaise foi est née dans la personne du transmettant, la possession trentenaire qui peut seule être invoquée par l'auteur sera aussi la seule que devra accomplir le successeur universel, quelque puisse d'ailleurs être sa bonne foi. Enfin, dans l'hypothèse inverse, la prescription que la bonne foi de l'auteur a réduite à 10 ou 20 ans restera telle qu'elle s'est produite, même en présence de la mauvaise foi de l'ayant cause universel.

35. Les possessions distinctes qui pourront facultativement s'établir dans le cas de succession à titre particulier nous mènent à des conclusions tout opposées. Le successeur particulier d'un détenteur précaire répudiera, s'il le veut, la possession vicieuse de son auteur pour commencer de son chef une possession utile. Si l'auteur était de mauvaise foi et,

comme tel, astreint à la prescription la plus longue,
le successeur particulier, quand il sera de bonne foi,
prescrira par 10 ou 20 ans, s'il ne préfère continuer
jusqu'à la fin la prescription trentenaire primitive.
Mais, dans l'hypothèse inverse, l'auteur de bonne
foi transmettra-t-il le droit de prescrire par 10 ou
20 ans à un ayant cause particulier de mauvaise foi?
La question est importante et a été controversée.

36. Le droit romain n'hésitait pas à regarder la
mauvaise foi du successeur à titre particulier comme
devenant un obstacle insurmontable à la prescription
de 10 ou 20 ans. Un des commentateurs les plus
érudits, Voët, exprime ainsi cette idée : « *Neque*
» *dubium quin et plurium successorum particularium*
» *possessio recte jungatur, si modo nullus intermedius*
» *in mala fide fuerit* (1). » Le droit actuel n'est que la
reproduction de ces principes si précis. Si donc, pour
emprunter à Voët l'hypothèse qu'il développe à ce
sujet, nous supposons cinq possesseurs à titre particulier tenant tous leurs possessions les uns des
autres et ayant tous été de bonne foi, les diverses
possessions se joignent sans obstacle jusqu'à l'accomplissement du délai légal. Mais si nous supposons
l'un de ces possesseurs constitué en mauvaise foi, il
y aura là une scission définitive entre les possessions.
Celles qui auront précédé la possession vicieuse seront
désormais inutiles, et il ne pourra y avoir que les
possessions postérieures qui soient propres à se
joindre pour arriver à la prescription de 10 ou 20

(1) Voët, *de usuc. et usurp.*, nº 16.

ans. Cette interruption si formelle, causée par la possession vicieuse intermédiaire, n'est que la conséquence des règles générales que nous avons établies au commencement de ce chapitre. En vain, pour combattre cette opinion si conforme à la raison et au droit, invoquerait-on, comme le fait un savant auteur, la disposition de l'art. 2269 qui ne réclame la bonne foi qu'au début de la possession (1). Loin d'être une contradiction, cet article est la consécration du système que nous adoptons : seulement il faut le combiner avec la règle de la distinction des possessions en matière de transmission à titre particulier. Il est vrai que la bonne foi peut, dans la prescription de 10 ou 20 ans, n'exister qu'au commencement, mais ceci doit s'entendre du cas où il n'y a qu'une seule possession continue. Si donc nous admettons une suite d'ayants-cause particuliers, nous serons, pour être d'accord avec les principes, forcés de reconnaître que puisqu'il y a eu là plusieurs possessions distinctes, il y aura nécessairement lieu d'appliquer plusieurs fois la disposition de l'article 2269. La bonne foi ne devra pas se rencontrer une fois seulement, c'est-à-dire au début de la possession du premier auteur, mais toutes les fois qu'un changement de possesseur créera une possession nouvelle, séparée de celles qui l'ont précédé. En résumé, dans le cas cité par Voët, il y aura cinq possessions différentes et par suite cinq applications successives de l'art. 2269.

37. Bien plus, le système contraire aboutit non-

seulement à un oubli des principes, mais encore à une injustice. Admettons, en effet, pour un instant, que les cinq possesseurs dont nous parlons n'aient eu, par le bénéfice de l'article 2235, qu'une seule et unique possession, leur position ne serait-elle pas identiquement la même que celle d'un possesseur qui, de bonne foi au début, serait plus tard, par suite de circonstances particulières, devenu de mauvaise foi? Il n'y aurait donc ainsi nulle différence entre la mauvaise foi survenue après l'acquisition et celle née en même temps que le contrat. Un tel résultat serait injuste : on peut excuser un acquéreur qui, par crainte d'une perte considérable ou même d'une ruine complète, garde le silence sur le vice qui ne lui a été révélé qu'après le contrat; l'acquéreur de mauvaise foi est, en tout point, inexcusable et la morale est ici d'accord avec le droit.

38. Maintenant il importe de bien préciser le sens que doit avoir le mot *auteur* en cette matière. L'étendue des jonctions de possessions dépendra d'une juste et exacte définition. Pothier la donne dans ses Pandectes; au titre des usucapions et des prescriptions de long temps, il s'exprime ainsi : « *Auctor* » *dicitur is a quo rem acceperis, vel ex ultima volun-* » *tate, vel ex aliquo negotio quod cum illo habueris.* » Il faut donc dire qu'en droit l'*auteur* sera celui auquel le possesseur actuel aura *légalement* succédé dans la possession. « Du moment en effet, dit Marcadé sur » l'art. 2235, que la substitution du possesseur actuel au précédent s'est faite d'une manière légale

» et par une cause juridique, du moment que ce
» possesseur actuel est bien le successeur légitime
» de l'autre dans la possession, celui-ci est donc bien
» son auteur. »

39. Une fois cette définition établie, les solutions
seront plus aisées dans les questions qui se présentent.
L'adjudicataire pourra sans difficulté reconnaître l'ex-
proprié pour auteur, car c'est d'une façon juridique
et licite qu'il lui a réellement succédé. Le vendeur
à réméré pourra aussi, après le rachat, joindre à sa
possession celle de son ancien acheteur. Peu importe,
en effet, que, par suite de la résolution du contrat,
l'on considère la propriété comme étant toujours de-
meurée sur la tête du vendeur, ou que l'on soutienne
que l'acquéreur, après avoir été propriétaire pendant
le délai du réméré, a cessé de l'être par l'effet rétroactif de la condition résolutoire. Car, dans le premier cas, le vendeur a joui d'une propriété continue
puisque l'acquéreur n'a jamais été vis-à-vis de lui
qu'un détenteur précaire. Dans le second cas, l'acquéreur, en perdant la propriété par l'exercice du
réméré, n'a pu perdre, il est vrai, le fait de la possession, mais il sera toujours loisible au vendeur de
joindre cette possession à la sienne puisque la transmission s'est produite d'une façon parfaitement légale.

40. Une difficulté plus grave s'élève sur la question de savoir si celui qui, après une dépossession
de plus d'un an, est réintégré, soit par un jugement,
soit par un délaissement volontaire de l'adversaire,
peut invoquer le bénéfice de l'article 2235. D'anciens

auteurs, tels que Cujas, Dunod et d'autres encore,
se prononcent pour la jonction des possessions. Ils
se fondent sur la loi 13 au Digeste, liv. 41, tit. 2,
où il est dit que le possesseur interrompu par un
usurpateur et réintégré ensuite par ordre du juge joint
à sa possession le temps de l'usurpation. « *Potest*
» *judex*, dit Cujas, *facere ut possessio vitiosa meæ*
» *accedat, tanquam non vitiosa, aut tanquam vitio*
» *soluta propter auctoritatem rei judicatæ, videlicet si*
» *eam judex jusserit adjici quæ alioquin non acce-*
» *deret* (1). » Merlin au contraire et la cour de cassation par un arrêt du **12 janvier 1832** répugnent à
admettre cette solution, et prétendent expliquer autrement la loi précitée : selon Merlin, la loi 13, § 8,
au Digeste, n'a trait qu'au cas où le détenteur dépossédé par une ordonnance du juge qui séquestre
la chose litigieuse est, après le procès, remis en
possession. Alors la restitution de la chose joint au
profit du détenteur la possession intérimaire de la
chose séquestrée à la possession qui avait précédé le
séquestre. Voët adopte aussi cette explication de la
loi (2). D'ailleurs, objecte-t-on encore, où trouver ici
pour justifier l'accession le rapport nécessaire d'un
auteur et d'un ayant cause (art. **2235**)? comment
effacer le vice capital de l'interruption qui affecte la
possession à l'effet de prescrire (article **2243**). En
présence de deux opinions si diverses, M. Troplong

(1) Cujas, recit. solen. sur L. 13, § 8, D., 41, 2.
(2) Voët, de usurp. et usucap, n° 18.

résout la question en distinguant le cas où le possesseur évincé a pu, eu égard à sa bonne foi, conserver
légalement les fruits, et celui où, étant reconnu de
mauvaise foi, il a dû légalement les rendre. Dans la
première hypothèse l'interruption a réellement eu lieu
et dès lors l'accession est impossible. Dans la seconde,
la perception des fruits étant juridiquement non interrompue, la possession du propriétaire aura con-
tinué, celle de l'usurpateur sera effacée, et dès lors
l'interruption doit-être regardée comme n'ayant jamais
existé. « Il est si vrai, dit M. Troplong, que l'usur-
» pateur qui est dépouillé de la chose d'une manière
» intégrale, *cum omni suâ causa, transmet au pro-*
» *priétaire sa possession,* que ce dernier pourrait s'en
» servir pour repousser par le moyen des actions pos-
» sessoires les tiers qui viendraient le troubler (1). »

CHAPITRE V.

DES INTERVERSIONS DE POSSESSION.

41. La règle romaine, *nemo potest mutare sibi causam
possessionis,* a été reproduite par notre article 2238 :
mais le sens n'est pas aussi vague que l'expression.
Cela veut simplement dire que lorsque le titre est
représenté, c'est ce titre qui réglera la nature et
l'étendue de la possession. Il restera toujours tel

(1) Troplong, sur l'art. 2235, n° 452.

qu'il était au début, si l'une des deux causes d'interversion admises par la loi ne vient par la suite le modifier ; ainsi le fermier ne pourra jamais prescrire, à moins qu'une cause venant d'un tiers ou une contradiction venant de lui n'ait changé sa détention précaire en détention accompagnée d'intention de maître. Il ne s'agit donc en cette matière que du droit de possession et par suite de la prescription acquisitive : du moment qu'il sera question de prescrire une libération, la règle n'aura plus d'application.

42. Examinons donc les deux causes légales d'interversion. La cause venant d'un tiers a lieu toutes les fois que le détenteur précaire reçoit à titre de propriété la chose qu'il possédait auparavant au nom d'autrui. A partir de ce contrat, sa possession change de nature, le vice qui l'entachait est purgé et la prescription commence à devenir possible. Mais dans le cas où l'interversion se produirait par le fait d'un tiers, le détenteur précaire serait-il obligé de notifier au propriétaire réel son titre d'acquisition ? En présence de la distinction formelle que fait la loi entre les deux causes d'interversion qu'elle admet, le doute ne peut exister, et la confusion est impossible. Il est vrai que les anciens auteurs exigeaient la notification du titre à l'ancien propriétaire et cumulaient la cause venant d'un tiers avec la contradiction. « La » seconde interversion, dit Dunod, arrive lorsque la » possession est changée par le fait d'un tiers, » comme si le fermier acquiert d'un autre les héri-

» tages qu'il tenait à ferme ; s'il refuse après cela de
» faire part des fruits à son maître, s'il lui *déclare*
» qu'il ne veut plus tenir de lui ces héritages, *mais*
» *qu'il en veut jouir comme des siens propres*, ce sera
» un changement de possession par un fait extérieur
» injuste, à la vérité, mais qui ne laissera pas de
» donner commencement à la possession (1). » De
nos jours, cette opinion a été soutenue par ce motif
que, si l'on n'exige pas la notification du titre, les
procès se multiplieront en cette matière. Sans doute
le danger des usurpations existerait si l'on interpré-
tait isolément l'article **2238** ; mais, selon l'opinion
généralement adoptée, il faut combiner sa disposition avec celle de l'article **2229**. A partir de l'interversion, la précédente possession perd, il est vrai,
son vice de précarité, et une autre commence à
naître fondée sur des bases nouvelles : mais n'est-il
pas évident que ces bases doivent être celles qu'admettent les principes généraux sur cette matière ; et
peut-on hésiter à exiger dans cette possession *ex nova
causa* les conditions requises pour toute possession qui
tend à telle ou telle prescription. Le danger redouté
par les cours d'appel au moment de la communi-
cation du projet du Code civil de l'an VII disparaît
donc devant ces conditions protectrices, et dès lors
que la publicité, l'idée de maîtrise, la continuité et
l'absence d'équivoque sont exigées dans la possession qui procède de l'interversion, cette possession

(1) Dunod, pag. 36.

n'est plus périlleuse et les usurpations deviennent
difficiles.

43. Maintenant la bonne foi doit-elle être requise
ici, et si le détenteur savait que celui qui lui confère
le titre nouveau n'est pas le véritable propriétaire,
l'interversion pourrait-elle encore être admise? la
question doit se résoudre par une distinction. Un
contrat simulé s'allie-t-il à la mauvaise foi, l'interversion est impossible, car un tiers n'a pas, comme
le veut la loi, conféré réellement au détenteur précaire un titre translatif de propriété. Au contraire, le
contrat est-il réel, la mauvaise foi ne fait pas obstacle à l'interversion, elle augmente seulement le laps
de temps nécessaire au détenteur pour prescrire.

44. La seconde cause d'interversion est la contradiction opposée au maître par le détenteur : elle
se manifeste soit par une résistance judiciaire, soit
par des actes extrajudiciaires. Le refus de payer les
fermages, de recevoir le bailleur, suffisent pour faire
acquérir la possession. Mais s'il n'y avait qu'une simple cessation de payer les fermages, l'interversion ne
serait pas suffisamment établie. Ce retard pourrait
s'expliquer par la générosité du maître. En un mot,
il est besoin d'un fait énergique, évident, et qui se
fonde sur la négation du droit du maître. « Il ne
» suffirait pas, dit Dunod, de ne point satisfaire aux
» droits seigneuriaux et aux devoirs qui seraient or-
» donnés, ou dont on est requis, si l'on ne disait
» en même temps qu'on n'y est pas sujet (1). »

(1) Dunod, pag. 37.

10

CHAPITRE VI.

45, Quand toutes les conditions requises se sont réunies pour rendre la possession efficace, il faut encore que le temps y ajoute une consécration définitive. Il y a dans la durée et dans le calcul de ce temps exigé par la loi des règles qu'il importe d'examiner.

L'article 2260 rejette d'abord la supputation du délai faite par heures : c'eût été une détermination trop malaisée : « C'est un espace de temps trop court, » dit M. Bigot-Préumeneu dans l'*Exposé des motifs*, » et qui ne saurait être uniformément déterminé. » La loi, pour prévenir les difficultés qu'elle prévoit, établit comme principe que la prescription se comptera par jours, *de die ad diem* et non *de momento ad momentum :* mais la généralité de ces termes a fait naître des controverses. Sans doute, en règle générale, on sait bien que les jours doivent se compter de minuit à minuit ; mais que doit-on résoudre à l'égard des fractions de journées pendant lesquelles la possession a existé au profit de celui qui est en voie de prescrire? Toute la question est là.

46, Les anciennes coutumes variaient sur le plus ou moins d'étendue qu'on devait donner au *dies ad quem :* ce dernier jour de la prescription était exigé en entier dans le cas où il s'agissait de se libérer ; les fractions en étaient jugées suffisantes quand il était question

d'acquérir. Il est vrai que les raisons qu'on donne
Pothier dans son Commentaire sur l'article 261 de la
coutume d'Orléans sont loin d'être satisfaisantes. Aussi
le Code a-t-il voulu par une décision précise faire
cesser tous les doutes sur ce point, et c'est au désir
de fixer les incertitudes qui s'étaient produites dans
l'ancien droit que nous devons la disposition de l'article 2261 : « La prescription est acquise lorsque le
» dernier jour du terme est accompli. » Cet article
embrasse, par l'étendue même de ses expressions,
la prescription acquisitive aussi bien que la prescription libératoire (1).

47. Mais il était un point sur lequel s'accordaient
les anciens auteurs, leurs décisions étaient uniformes
à l'égard du *dies a quo;* il était de principe que le
premier jour de la prescription devait être un jour
entier. Les coutumes variaient, il est vrai, sur la
manière d'arriver à ce résultat, mais le résultat devait être atteint, de quelque manière que ce fût. Les
unes ne comptaient pas le premier jour du délai,
les autres comptaient par un an et un jour dans les
possessions annales; l'intention était la même et le
mode de procéder différent.

48. La loi, trouvant d'un côté une règle établie
sans conteste et de l'autre un principe controversé,
n'avait besoin de s'expliquer que quant aux change-
ments qu'elle entendait apporter. Aussi n'a-t-elle
réglementé que le point en litige, c'est-à-dire le *dies*

(1) V. Duranton, liv. III, tit. xx, § 338.

ad quem, consacrant par son silence la tradition constante qui concernait le premier jour de la prescription. Le bon sens, du reste, amène au même résultat que l'application, bien entendu, des décisions de droit. Le silence de la loi aurait-il donc eu pour effet d'amener ce résultat étrange, de donner à une simple fraction de jour la valeur d'un jour entier, et n'est-il pas plus conforme à la raison d'admettre que le possesseur qui aura commencé de posséder le 24 janvier 1850, à trois heures de l'après-midi, se trouvera forcément, le 23 janvier 1860, à minuit, avoir possédé dix ans moins neuf heures, c'est-à-dire, en fait, n'avoir pas eu une possession décennale, et, en droit, n'avoir pas accompli le délai légal de la prescription de 10 ans.

49. D'ailleurs, la question que durent nécessairement se poser les législateurs au moment de la confection du Code n'a pas été celle de savoir si le premier jour devait être complet comme les autres : la solution se présentait d'elle-même ; on la trouvait partout, dans le bon sens comme dans l'ancien droit. Mais ne fallait-il pas rester vis-à-vis du possesseur en voie de prescrire dans l'impartialité la plus stricte : « Si l'on ne devait, dit Marcadé, rien
» donner à celui qui prescrit, ne devait-on pas aussi
» ne rien lui prendre..... et dire que la prescription
» serait acquise, soit quand le dernier jour serait
» arrivé et seulement commencé (comme on faisait
» autrefois dans certains cas), soit au moins quand
» ce dernier jour serait parvenu à l'heure à laquelle

» le délai avait au premier jour commencé à courir. »
La nécessité d'arriver à des constatations certaines,
la difficulté des supputations de délais firent rejeter
le calcul d'heure à heure, et admettre l'accomplissement complet du dernier jour comme l'accomplissement complet du premier, sans tenir compte de
la faible augmentation de temps qui devra ainsi se
produire.

50. Il est inutile de dire que tous les mois auront
la même valeur dans le calcul du délai, sans qu'il y
ait lieu d'examiner si l'année a été ou non bissextile.
Enfin, si le dernier jour du délai est un jour de fête
légale, la prescription n'en sera pas pour cela pro-
rogée; ce cerait être trop indulgent pour la négligence prolongée du propriétaire, et d'ailleurs l'article 1037 du Code de procédure permet de signifier
ce jour là même une interruption de prescription,
pourvu que l'on obtienne la permission du juge.

CHAPITRE VII.

DE LA PRESCRIPTION DE 10 ET 20 ANS.

51. Il semble, au premier abord, que les pays de
droit écrit ont dû accepter sans difficulté la prescription toute romaine de 10 ans entre présents et 20 ans
entre absents. Il n'en fut rien cependant. Les anciens
jurisconsultes tentent d'expliquer ce singulier résultat
et disent que la Novelle 119 de Justinien, en exigeant
non-seulement la bonne foi et le juste titre, mais

encore la connaissance acquise au maître du droit
rival qui s'élevait contre le sien, avait rendu cette
prescription si difficile qu'il était presque impossible
de la rencontrer dans la pratique. Cependant un
certain nombre de coutumes, et surtout celle de Paris,
avaient admis la prescription décennale, en la déga-
geant, il est vrai, des exigences de la Novelle 119.

52. L'article 2265 d. r tre Code ne s'est point
écarté de la jurisprudence ancienne. Il ne comprend
pas expressément dans sa rédaction ces termes de
l'article 113 de Paris : « Quand aucun a possédé et
» joui, par lui ou ses prédécesseurs..... l'héritage
» ou rente à juste titre et de bonne foi..... il a acquis
» la prescription contre toutes rentes ou hypothèques
» prétendues sur ledit héritage..... » Mais son esprit
est conforme aux dispositions romaines et coutumières,
et celui qui possède pendant 10 et 20 ans prescrit
non-seulement la propriété, mais aussi la liberté de
l'immeuble. Remarquons cependant que nous n'en-
tendons pas parler ici de la prescription des servitudes
dont l'immeuble peut être grevé : le droit des servitudes est un droit à part et l'article 706 du Code est
exclusif de l'article 2265. L'extinction de l'usufruit
pourrait se soutenir avec plus de raison, car d'un
côté l'article 617 n'est pas aussi limitatif que l'article
706, et, d'un autre, l'usufruit est mis partout sur la
même ligne que les immeubles. (V. art. 526, 2118,
2181.)

53. Celui qui aurait légalement acquis le bien
n'aurait nul besoin de l'aide de la prescription ; ce

n'est donc pas d'une acquisition de droit qu'il s'agit
en cette matière, mais bien seulement d'une acquisition *de fait*. C'est dans ce dernier cas, en effet, que
la proscription est utile, pourvu que le possesseur
réunisse les trois conditions exigées, le juste titre,
la bonne foi et la possession de 10 et 20 ans.

54. Mais tout en adoptant en général la théorie de
la prescription romaine, le Code s'en est écarté en
séparant complétement le juste titre de la bonne foi,
et en lui assignant une importance particulière. Le
juste titre sera celui qui aurait conféré la propriété
s'il était émané du vrai propriétaire, et que ce dernier eût eu la capacité d'aliéner : on acquerra donc
en vertu d'un juste titre, quand on aura une cause
juridique et légitime, telle que la vente, l'échange,
la dot, la *datio in solutum,* le legs ou la donation à
titre particulier.

55. Le titre *pro hœrede* peut-il dans notre droit,
comme dans le droit romain, fonder la prescription?
La question a une certaine importance. D'abord, il
faut faire abstraction de l'ancienne prescription que
les Romains appelaient *usucapio lucrativa,* car elle a
complétement disparu. Mais la question reste entière
quand on se rappelle que le titre *pro hœrede* se pre-
nait aussi dans un autre sens plus conforme aux
principes, et servait de base à l'acquisition par prescription d'un objet trouvé par l'héritier dans la succession, quand la présence de cet objet dans ses biens
avait été ignoré du testateur. Si l'on en croyait Pothier (n° 97) et Dunod (page 11), on l'admettrait

encore de nos jours. Mais il faut se souvenir qu'en matière de juste titre les règles ont changé en passant du droit romain dans notre législation moderne. L'opinion du juste titre qui suffisait autrefois est aujourd'hui rejetée comme improductive de prescription. Les termes précis de notre article 2265 exigent non pas sans doute une acquisition juridique, mais au moins une acquisition *réelle*. Posséder en vertu de l'ancien titre *pro hærede*, c'est en réalité posséder sans titre, et dès lors il n'y a plus lieu à appliquer la prescription décennale.

56. Il suit de là que le titre putatif ne pourra jamais être utile dans la matière qui nous occupe : car dans les circonstances où il se rencontrera, on devra bien admettre qu'il y a bonne foi ; mais la bonne foi isolée d'un titre véritablement translatif de propriété ne suffit plus aujourd'hui. Et si l'on disait que le titre est encore dans notre droit un élément de la bonne foi et que la bonne foi reste la seule condition exigée, on arriverait par une autre voie au même résultat, car il faudrait bien reconnaître, en rapprochant les expressions de l'article 550 avec celles de l'article 2265, que la bonne foi est exigée avec une plus grande rigueur que jadis, en d'autres termes, qu'elle n'existe qu'autant qu'elle contient en elle un titre ayant sinon une existence légale, du moins une existence de fait : peut importera donc une croyance aussi sincère qu'on voudra la supposer, la prescription sera impossible tant qu'il n'apparaîtra pas un titre qui eût été translatif de la

propriété s'il eût été consenti par le propriétaire capable d'aliéner sa chose.

57. Quant au titre conditionnel, il est évident qu'il serait également improductif de prescription : le droit romain reconnaissait lui-même cette vérité ; car celui qui ayant acquis sous condition, arrive à se croire actuellement propriétaire, tombe dans une erreur tout à fait inexcusable ; d'un autre côté, si l'erreur ne portait que sur l'accomplissement de la condition, il n'y aurait plu alors qu'un titre putatif.

58. L'article 2267 s'exprime ainsi : « Le titre nul » par défaut de forme ne peut servir de base à » la prescription de 10 ans et 20 ans. » Il ré-- sulte de ces termes qu'il est nécessaire que le titre soit valable, mais il faut rechercher si l'on doit l'in- terpréter d'une façon extensive ou limitative. Son application ne peut entraîner de difficulté quand il est question d'actes solennels, astreints, sous peine d'être inefficaces, à des formalités légales. Celui qui aurait acquis un immeuble par un acte de donation sous seing privé, ne pourrait pas prétendre de titre, puisqu'il n'y aurait juridiquement aucune donation. Mais si la nullité de forme a été couverte par la rati- fication de celui qui aurait pu s'en prévaloir, rien n'empêchera le possesseur de prescrire par 10 et 20 ans. La question est encore facile à résoudre en matière des nullités de forme relatives. Il n'y a pas là, comme dans les nullités absolues, un combat perpé- tuel de la loi qui résiste et qui ne saurait voir en elles ce qui constitue un juste titre. Aussi est-il ra-

tionnel d'admettre avec d'Argentré que la nullité
établie au profit de l'incapable ne pouvant être opposée que par cet incapable, le véritable propriétaire
ne peut attaquer la prescription décennale en vertu
d'un moyen qui n'est pas né dans sa personne et
qui ne peut lui servir en aucune manière. Il est vrai
que si l'acquéreur connaissait cette nullité relative,
et qu'il eût acheté sans les formalités requises, la
prescription n'aurait point lieu, mais l'obstacle vien-
drait de sa mauvaise foi constatée.

59. Maintenant que faut-il décider pour les nullités autres que celles de forme et sur lesquelles le
Code a malheureusement gardé le silence? L'opinion
la plus généralement admise est celle qui procède
par distinction entre les nullités absolues fondées sur
un intérêt public ou sur la morale, et les nullités
qui ne sont relatives qu'à l'auteur de l'acte. Les premières, pouvant être invoquées à tout moment et
par tous, pourront devenir un moyen d'attaque dans
les mains du propriétaire véritable contre la prescription accomplie. Les autres, au contraire, res-
treintes par leur nature et leurs effets, seront un
moyen propre à celui qui a contracté, mais étranger
au maître de la chose prescrite.

60. Il est difficile d'admettre avec la cour de cassation que le jugement passé en force de chose jugée
constitue un juste titre opposable à des intéressés qui
n'ont point été parties au procès. Il est en effet de
principe que les jugements sont purement déclaratifs
et non pas attributifs de droits. Les textes romains

qui semblent contraires à cette décision se rappor-
tent tous aux partages, et dans cette procédure la
propriété résultait de la sentence du juge. Il en serait,
du reste, encore ainsi dans nos jugements d'adjudi-
cation qui confèrent le droit et qui sont de véritables ventes.

61. L'article 883, en décidant que le partage est
déclaratif de propriété, l'exclut ainsi du nombre des
justes titres. Si d'Argentré est contraire à cette
opinion, c'est qu'il était encore imbu de la théorie
romaine : mais il est dans la vraie doctrine quand
il résout par une distinction très rationnelle la question de savoir si la transaction peut jamais être un
juste titre. La solution est tout entière dans l'examen des faits. La transaction est-elle la création d'un
droit nouveau ou la confirmation d'un droit préexis-
tant; dans le premier cas, le juste titre existe, mais
dans le second la possession et par suite la prescription se réglera par l'état des choses antérieures,
comme si la transaction était non avenue.

62. La seconde condition exigée, la bonne foi,
est un élément complexe qui résulte de la triple
croyance du possesseur, 1° à la propriété de l'aliénateur; 2° à sa capacité d'aliéner; 3° à la valeur
légale du titre de transmission. Si l'un des trois
éléments de cette croyance manquait à l'acquéreur,
il sortirait de la situation morale qu'exige la loi.
Cette matière est donc empreinte d'une certaine rigueur de principes, et les règles du juste titre ne

seront pas applicables à la bonne foi : de sorte qu'il
n'y aura pas lieu de distinguer ici entre les nullités
absolues et les nullités relatives, et que, du moment
qu'il y aura chez l'acquéreur connaissance d'un vice
même relatif, les exigences de la loi ne seront pas
remplies.

63. Personne ne doute que le possesseur ne soit
obligé de croire à la propriété du transmettant,
mais les deux autres conditions de la bonne foi ont
paru peut-être moins évidentes. Il n'en est pas moins
certain cependant que chacune des trois conditions
dont nous avons parlé est d'une nécessité indispensable. Le droit romain les plaçait toutes sur la même
ligne, et pourtant, en matière de bonne foi, il était
moins exigeant que la législation moderne.

64. Par une juste conséquence des principes que
nous venons de poser, nous ne rencontrerons pas
ici, comme dans le juste titre, certains cas où le vice
de l'acte, quoique connu du possesseur, ne pourra
pas être opposé par le véritable propriétaire. Dans
ces cas, en effet, il pouvait bien exister un juste titre,
mais la bonne foi ne pouvait jamais se rencontrer. Il
n'y a pas de moyen terme; où vous avez la certitude
d'avoir valablement acquis la propriété, ou vous ne
l'avez jamais eue. Voët résume ces règles de la façon
la plus précise : « *In qua tamen bona fide esse non*
» *intelligetur, qui dubitat utrum is a quo rem habet,*
» *dominus fuerit et alienandi facultatem habuerit, nec*
» *ne; cum aliud sit credere, aliud dubitare : imo du-*

» *bitatio sit quid medium inter bonam fidem et malam,*
» *inter scientiam et ignorantiam, sicut silentium ejus*
» *qui interrogatur, in se spectatum, neque confessio-*
» *nem, neque negationem continet* (1). »

65. Quand il s'agit d'acquisitions faites au nom d'une société, la question de la bonne foi est difficile à résoudre. Le mieux serait de considérer si elle a existé ou non dans la personne de celui des associés qui a agi au nom des autres, quand les derniers lui ont donné pouvoir de les obliger. Car, dans ce cas seulement, la mauvaise foi de l'associé contractant réfléchira sur ses coassociés d'après l'article 1864 C. N. Lorsqu'il aura agi sans délégation expresse, le vice retombera sur celui-là seul qui en est l'auteur. Peut-être faudrait-il encore distinguer ici entre les sociétés civiles et les sociétés commerciales, en ce sens que, dans ces dernières, le fait d'un seul, étant présumé n'être que l'exercice d'une autorisation conférée, obligera tous les membres de la société. (V. 1862 C. N., 22 C. com.)

66. Du reste, la bonne foi est toujours présumée, cela résulte des termes exprès de l'article 2268. C'est au propriétaire qui se prévaut de la mauvaise foi du possesseur à en faire la preuve ; mais il y a des cas où cette preuve se fera d'elle-même, par exemple, quand le propriétaire attaquera l'héritier d'un possesseur de mauvaise foi. (V. article 2235 C. N.)

(1) Voët, de usurp. et usuc, n° 6.

67. Enfin, la bonne foi n'est exigée qu'au moment de l'acquisition : mais il fait entendre cette règle avec une certaine réserve, comme nous l'avons démontré au chapitre de la jonction des possessions. (*Infra*, n° 36.)

68. Quand la bonne foi est constatée et le juste titre établi, il reste encore une condition à remplir, il faut accomplir le temps. Le délai devra être de dix années si le propriétaire a son domicile dans le ressort de la cour d'appel où l'immeuble est situé (article 2265 C. N.) : il se prolongera jusqu'à 20 ans dans le cas contraire. Si le propriétaire a été présent pendant une partie du délai et absent pendant l'autre, deux ans d'absence vaudront pour la prescription une année de présence. Ces règles ne souffrent aucune difficulté et ont été généralement admises ; mais la controverse s'est élevée sur l'interprétation du mot domicile. Que veut dire la loi ? Parle-t-elle du domicile de fait ou du domicile de droit ? Les arrêts et la doctrine ne sont pas d'accord sur ce point. Cependant le texte et l'esprit de la loi jettent une vive lumière sur la question. Pourquoi le Code, s'il eût voulu parler du domicile légal, se serait-il servi de mots qui réveillent l'idée d'un fait et non celle d'un droit ? Pourquoi aurait-il dit : « Si le » propriétaire *habite* dans le ressort....? » D'ailleurs, en consultant l'*Exposé des motifs*, ne lisons-nous pas : « Le vœu de la loi ne sera rempli que lorsqu'on » *habitera* dans le ressort du tribunal d'appel où

» l'immeuble est situé. » Enfin , celui que les rédacteurs du Code ont ordinairement suivi et même
quelquefois maladroitement copié, Pothier se pro-
nonçait pour le domicile de fait. (Prescr., n° 108.)
En outre, le domicile de droit ne remplirait pas le
but que s'est proposé la loi. Que veut-elle, en effet?
Que le propriétaire puisse être à même de s'apercevoir
de l'usurpation de sa propriété : or, certes, personne
ne contestera que le lieu de sa résidence habituelle
sera toujours celui où il sera le mieux à même de surveiller ses biens. Si , dans l'ancien droit romain et
dans quelques rares coutumes , on n'avait pas égard
à la situation de l'immeuble, et si l'on se contentait
du domicile des deux parties dans la même province,
c'est qu'alors on ne se déplaçait pas comme aujour-
d'hui : on vivait sur ses terres, dans son domaine
patrimonial. Les mœurs ont changé , la loi devait
changer aussi : c'est ce qu'elle à fait (1).

CHAPITRE IX.

QUI PEUT INVOQUER ET A QUEL MOMENT DOIT-ON INVOQUER LA PRESCRIPTION?

69. La prescription ne produit pas ses effets de
plein droit, il faut qu'elle soit invoquée pour devenir
efficace. Jusqu'au moment où elle est présentée comme

(1) *Contra* Duranton, xxi, n° 377. — Troplong, sur l'art. 2260,
n° 886 et suiv.

moyen de défense, elle n'existe que conditionnellement
en quelque sorte. Il dépend de l'intéressé d'accomplir
la condition ou de la laisser défaillir. Mais le possesseur, qui s'est conformé à toutes les exigences de la
loi en matière de possession, n'est pas le seul qui
puisse donner à cette possession prolongée la manifestation nécessaire à son efficacité. Il y a lieu tout
d'abord à l'application du principe doctrinal de l'art.
1166. En effet, de ce que le défendeur n'argumente
pas de la prescription, il ne s'ensuit pas qu'il ait
perdu le droit de l'invoquer : et s'il le peut, ses
créanciers le peuvent aussi, en vertu du mandat
légal qu'il est censé leur avoir donné; car il ne s'agit
pas ici d'un de ces droits exclusivement attachés à
la personne. Cela est si vrai que les termes de l'art.
2225, « encore que le débiteur y renonce, » n'ont
eu pour but que de faire cesser toute espèce de doute
à cet égard. C'est du moins ce qui résulte formellement des explications données par M. Bigot-Préameneu dans l'*Exposé des motifs.*

70. Il est facile dès lors de trouver la solution de
cette question controversée; les créanciers peuvent-
ils invoquer le moyen tiré de la prescription du chef
de leur débiteur quand ce dernier a renoncé à s'en
servir? ils le peuvent sans aucun doute : car l'art. 2225
n'est que l'application des principes généraux du droit
commun, et ne crée pas un droit exceptionnel au
profit des créanciers comme de savants auteurs ont
paru le croire. Il faut s'en tenir aux règles ordinaires;

si le débiteur se tait, le créancier prend sa place et dans son intérêt personnel fait apparaître la proscription acquise (art. 1166). Si, au contraire, par n'importe qu'elle raison, le débiteur a renoncé, il y a lieu d'appliquer l'article 1167, mais cette application doit être absolue. Le créancier sera donc alors obligé de prouver et la fraude du débiteur qui a renoncé et le préjudice à lui causé par cette renonciation intempestive.

71. Ce n'est pas seulement le créancier qui peut opposer la prescription accomplie, mais bien toute personne intéressée. On doit cependant reconnaître que l'article 2225 ne sera jamais applicable que dans le cas où celui qui l'invoque ne peut faire valoir la prescription qu'en empruntant la personnalité de celui dont il tient son droit. Supposons en effet la vente d'un immeuble hypothéqué à une dette. Cette dette a été prescrite par le vendeur. L'acquéreur aura intérêt à argumenter de la prescription acquise par son auteur pour dégrever l'immeuble qui lui a été transmis. Mais il ne faudrait pas chercher des exemples d'application de notre article dans les cas du codébiteur solidaire, ou de la caution du débiteur qui a renoncé à la prescription ; car, dans ces deux cas, la renonciation de l'obligé principal est indifférente. Il y a là deux prescriptions distinctes, et si l'un a renoncé au bénéfice de la loi, l'autre reste toujours libre de l'invoquer de son propre chef.

72. Nous avons dit que la prescription pour produire son effet avait besoin d'être invoquée par la

11

partie. Mais la partie seule aura ce droit, la loi refuse au juge la faculté de le suppléer d'office. C'est qu'en effet, quoi que l'on fasse, la prescription est souvent en désaccord avec la morale, et il fallait laisser à celui qui l'invoque de mauvaise foi la honte d'une manifestation publique. La disposition de l'art. 2223 devra être suivie même dans les cas d'interdiction ou de minorité de la partie qui prescrit. Le ministère public lui-même ne pourra pas invoquer d'office la prescription dans les conclusions que la loi lui impose dans ces sortes d'affaires. L'application de l'article doit donc être aussi absolue que ses termes; mais elle ne saurait avoir lieu dans les affaires criminelles. Le juge applique alors la prescription malgré le silence de l'accusé (1).

73. La loi oblige bien l'intéressé à manifester lui-même sa volonté d'opposer la prescription, mais elle n'exige pas que cette manifestation soit expresse. Il suffit seulement que le moyen se trouve indiqué dans les conclusions de la partie. Au contraire, si, après l'avoir invoqué devant le juge de paix, la partie ne le reproduit pas devant le tribunal de première instance, l'article trouvera son application, car alors rien ne prouve au juge que la partie n'ait pas renoncé au bénéfice de la prescription.

74. Examinons maintenant deux questions qui peuvent s'élever à propos de l'article 2225.

D'abord, l'étranger peut-il se prévaloir de la pres-

(1) Chassan, II, p. 87. — Duranton, xxi, § 119.

cription acquise ? Le peuple romain était trop jaloux
de ses droits et de ses institutions civiles pour les
partager avec d'autres. La prohibition de la loi des
XII Tables fut donc absolue. Ce ne fut que bien plus
tard que la constitution de Caracalla étendit le *jus
civitatis* à tous les hommes libres du monde romain.
Le droit prétorien fondé sur l'équité avait dû, dès le
principe, admettre les étrangers à la prescription : du
moins aucun texte ne les exclut formellement. Pothier,
dans notre droit, leur refuse ce bénéfice. Mais cette
décision rigoureuse vient de ce qu'il regardait la prescription comme appartenant absolument au droit civil. Vers l'année 1738, un arrêt du Parlement de
Paris rejeta cette doctrine et admit au bénéfice de la
prescription une étrangère, incapable, il est vrai, de
succéder en France, mais qui en fait avait recueilli les
biens de sa sœur décédée dans le royaume, et que
l'on attaquait en restitution après trente-quatre ans
de possession. De nos jours, la loi du 14 juillet 1819
a fait cesser tous les doutes en permettant à l'étranger
de succéder, de faire et de recevoir des donations ou
des legs. Du moment, en effet, qu'on les a considéré
comme capables d'acquérir, il leur est loisible d'user
de tous les moyens qui établissent ou consolident
l'acquisition.

§ 1er. A quel moment invoquer la prescription?

75. Le moyen tiré de la prescription peut être invoqué en tout état de cause : car ce sera presque

toujours en dernier lieu que l'on se décidera à l'employer. Celui donc qui aura perdu son procès en première instance, parce qu'il n'a pas argumenté de la prescription acquise à son profit, pourra l'invoquer en appel. En agissant ainsi, il ne contrevient pas aux dispositions de l'article 454 du Code de procédure ; il n'introduit pas une nouvelle demande, il apporte un nouvel appui à ses prétentions. Là, comme devant les premiers juges, il pourra s'en prévaloir à n'importe quel moment de l'audience, pourvu que le jugement ne soit pas rendu. Peu importerait donc que le ministère public eût donné ses conclusions ou que l'affaire fût déjà mise en délibéré, il serait encore temps d'invoquer ce moyen suprême. Aussi Cujas disait-il : *Præscriptio quandocumque ante sententiam opponi potest.* Le Code a consacré sa doctrine.

76. Mais sera-t-il aussi permis d'opposer la prescription devant la cour de cassation ? la réponse doit être négative. La cour de cassation n'est pas un troisième degré de juridiction. La question qu'elle est appelée à juger, c'est la violation de la loi, et rien de plus. Or, comment une violation pareille pourrait-elle exister dans l'espèce ? Les intéressés n'ont pas invoqué la prescription et la loi défendait au juge de la suppléer d'office. Mais il n'est pas besoin de dire que, si la cassation du jugement a lieu pour n'importe quel autre motif, la prescription pourra valablement être proposée devant le tribunal de renvoi.

CHAPITRE X.

DES RENONCIATIONS A PRESCRIPTION.

77. On ne peut renoncer d'avance à la prescription; ce serait aller contre la volonté de la loi et encourager la faute ou l'incurie. Il ne faut pas chercher ailleurs que dans cette idée la raison d'être de l'article 2220. M. Vazeilles prétend à tort la trouver dans cette disposition légale qui défend de renoncer à un droit non ouvert (1). L'article 1130 détruit son système. La véritable idée du législateur a été d'empêcher que l'ordre public ne fût troublé et que les renonciations anticipées ne devinssent de style. « *Qui* » *repudiat*, dit Vinnius, *dicit se nolle rem*, QUÆ DELATA » EST, *ad se pertinere* (2); » une fois donc la prescription acquise, il est parfaitement licite d'y renoncer. C'est en effet l'exercice d'un droit privé, et le renonçant fait la loi au lieu de la recevoir. Enfin si, au lieu de supposer une renonciation intervenue au début ou après l'accomplissement de la prescription, nous la supposons faite dans le cours même du délai légal de 10, 20 ou 30 ans, la combinaison des principes que nous avons établis nous amène à voir

(1) Vazeilles, 1, 332.
(2) Vinn., de Pact., ch. 18, n° 3.

dans cette renonciation une interruption de prescription. La renonciation valable pour le temps déjà écoulé
sera nulle pour le délai qui reste à courir et deviendra
le point de départ d'une prescription nouvelle. Il est
encore à remarquer que la renonciation anticipée
n'ayant été défendue que dans un intérêt d'ordre public, elle sera parfaitement licite quand elle ne sor-
tira pas des limites du droit privé. C'est ainsi qu'un
acheteur à réméré, dans le contrat de vente duquel
l'époque du rachat a été fixée à 2 ans, peut étendre
jusqu'à 5 ans le délai du réméré et renoncer ainsi au
bénéfice de la prescription conventionnelle. (V. art.
1660 C. N.)

78. Il sera fort difficile de trouver des cas d'application de notre article 2220 en matière de prescription acquisitive ; car ces renonciations anticipées,
nulles, il est vrai, en vertu du principe d'intérêt
public, seront efficaces en vertu d'un autre principe
doctrinal de la prescription. Supposons, en effet,
qu'un propriétaire permette à son voisin d'ouvrir des
jours d'aspect sur sa propriété, mais en exigeant
toutefois de ce voisin un titre qui constate le droit
qu'a le concédant d'interdire cette jouissance au concessionnaire quand il le voudra et dans n'importe
quel délai. Si un pareil acte ne contenait qu'une renonciation à une prescription future, il serait évidemment nul. Mais si l'on va au fond des choses,
on reconnaît que, dans la pensée du concessionnaire,
le contrat n'aboutit pas à une renonciation pure et
simple. Il y a de sa part une reconnaissance formelle

du droit de propriété du concédant. C'est ce *substra-
tum* de l'acte qui est demeuré trop souvent inaperçu.
Pourtant, c'est cette reconnaissance du droit du
propriétaire qui empêchera à tout jamais la prescription du voisin. Sans doute, s'il n'avait été question
que d'une reconnaissance *actuelle* de la propriété
d'autrui, la renonciation valable pour le passé serait
radicalement nulle pour l'avenir : et, à partir de la
confection du titre, le voisin pourrait recommencer
une prescription parfaitement légale. Mais cette reconnaissance porte aussi sur l'avenir ; et s'il est vrai que
la loi lui interdise une renonciation future au droit
de prescrire, il n'est pas moins vrai qu'elle lui permet complétement de reconnaître pour toujours la
précarité de sa possession. Il jouira désormais non
plus *jure proprio*, mais *alieno nomine*; et tombera
sous l'application de l'article 2236. En résumé, l'acte
par lequel on renonce à une prescription accomplie
en tout ou partie, sera valable pour le tout ou pour
la partie déjà acquise du droit. Mais quand il s'agit
de prescription acquisitive, il y aura presque toujours
une renonciation nulle à la prescription future,
doublée d'une reconnaissance licite d'un droit de
propriété constant. Ce second élément du contrat
anéantira la prescription en faisant naître la précarité.

« S'il a été convenu, dit l'*Exposé des motifs*, que
» l'un possédera le fonds de l'autre sans pouvoir le
» prescrire, ce n'est point de la part du premier
» une simple renonciation à la prescription, c'est
» une reconnaissance qu'il ne possédera pas à titre

» de propriétaire : or, nul autre que celui qui pos-
» sède à ce titre ne peut prescrire (1). »

79. Cependant voici une hypothèse qui peut se
présenter et autoriser en matière de prescription
acquisitive l'application de l'article 2220. Un possesseur écrit au véritable propriétaire qu'il renonce à
toute prescription future et qu'il reconnaît tenir de
lui sa possession. Le propriétaire répond par un ordre
de délaisser l'immeuble, puis il intervient un cas de
force majeure qui l'empêche de donner suite à cet
ordre. Que va-t-il se passer? le voici. Le possesseur
pourra très bien prescrire par trente ans et l'article
2220 devra recevoir son application.

En effet, le possesseur, en présence du refus formel du propriétaire, ne peut être considéré comme
tenant son droit de lui. Sa possession ne sera donc
pas empreinte de précarité, elle aura pour élément
l'idée de maîtrise : et si les autres conditions de l'article 2229 s'y joignent, elle mènera à prescription.
D'un autre côté, la renonciation à la prescription
future qui avait été proposée, n'ayant dans l'espèce
que les caractères d'une renonciation pure et simple,
tombera sous la disposition de notre article et sera
frappée de nullité. Du reste, on peut dire, d'une manière générale, que la nullité des renonciations
anticipées se rencontrera dans les questions de prescription acquisitive toutes les fois que la précarité
qui résulte de la reconnaissance du droit de pro-

(1) Fenet, pres., pag. 577.

priété sera effacée par une interversion ultérieure.
(V. art. 2238 C. N.)

80. La renonciation peut être expresse ou tacite.
Quelques auteurs n'admettent comme renonciation
expresse que celle qui résulte d'une déclaration insérée dans un acte faisant foi de son contenu, ce
qui revient à dire que la preuve par écrit doit être
seule admise. S'il en était ainsi, la prescription sortirait donc du droit commun, tandis qu'en cette
matière tout doit se régler par les principes ordinaires. Une semblable dérogation serait en effet con-
signée dans un texte, si elle existait réellement. Or,
le Code est muet à cet égard, et son silence autorise
l'admission des modes habituels de preuve. (V. art.
1341 et suiv. C. N.)

81. La renonciation tacite résulte, dit la loi, « de
» tout fait qui fait présumer l'abandon d'un droit
» acquis. » Le Code pose ainsi une règle générale
laissant aux juges le soin d'apprécier les détails et
leur conférant à cet égard un droit d'interprétation
aussi large que possible. Tout ici dépendra des faits :
tel acte emportera renonciation comme l'achat d'une
servitude fait au propriétaire par le possesseur,
comme le bail consenti au possesseur par ce même
propriétaire. Il y aura aussi à tenir compte des pro-
testations produites, des restrictions apportées, des
réserves qui ont accompagné l'acte d'où l'on prétend
induire une renonciation. Le magistrat se décidera
par l'ensemble des circonstances.

82. La renonciation est, à l'égard du propriétaire

véritable, non pas la création d'un titre nouveau, mais le maintien de l'ancien titre : la propriété a été sur le point d'être perdue, mais elle ne l'a pas été réellement. Cependant, de ce que le droit reste tel qu'il était dans l'origine et de ce qu'il ne revient pas au propriétaire par l'effet d'une rétrocession, il ne faudrait pas conclure que la renonciation dont il s'agit ne puisse jamais être une aliénation. Mais elle n'aura ce caractère que lorsqu'elle se produira après que le possesseur aura lui-même invoqué la prescription. Son effet aura été alors plein et entier, et le précédent propriétaire, ayant totalement perdu son droit, ne peut le ressaisir que par l'aliénation nouvelle que fait le possesseur à son profit. Il est inutile de dire que la renonciation aura un effet personnel à celui duquel elle émane et à ses ayants cause. Pour les tiers, elle sera *res inter alios acta*. Le simple bon sens commande aussi de la renfermer dans les termes mêmes dans lesquels elle a été produite.

83. Bien qu'en principe la renonciation ne soit pas une aliénation juridique, elle est cependant une aliénation de fait. Cela suffit pour que la loi ne la permette qu'à ceux qui sont capables d'aliéner. La renonciation sera donc nulle quand elle sera faite par un mineur, par un interdit, par une femme mariée non autorisée de son mari ou de justice, par le prodigue non assisté de son conseil judiciaire. Elle sera donc corrélative de la capacité d'aliéner. La capacité sera-t-elle entière, la renonciation produira tout son effet; la capacité sera-t-elle restreinte aux

revenus, comme dans le cas du mineur émancipé, elle n'atteindra jamais le capital, mais seulement les arrérages.

84. Un point qui fait difficulté est celui de savoir si le tuteur, en remplissant toutes les formalités protectrices qui précèdent l'aliénation, pourra renoncer au nom de l'interdit ou du pupille. La réponse nous semble devoir être affirmative, quoiqu'on aient dit de savants jurisconsultes. La loi ne demandant pour admettre la validité d'une renonciation rien autre chose que la capacité d'aliéner, du moment que le tuteur acquiert cette capacité, il peut valablement renoncer. Que si l'on objecte que la renonciation n'est au fond qu'une aliénation gratuite et par cela même en dehors des pouvoirs du tuteur, on répond qu'il faudrait, pour que cette renonciation fût vraiment une sorte de donation, que le droit à la prescription fût fondé d'une manière inattaquable : et dans ce cas on serait obligé de supposer que le tuteur, le conseil de famille, le ministère public et les juges se sont réunis pour autoriser une renonciation préjudiciable au mineur. Un pareil concours d'injustices ne se rencontrera jamais. Si, au contraire, comme cela arrivera toujours, la prescription est illégitime, cette renonciation sera conforme non-seulement à la justice, mais encore à l'intérêt moral du mineur.

CHAPITRE XI.

DE L'IDÉE DE MAÎTRISE ET DE LA PRÉCARITÉ.

85. L'idée de maîtrise consiste dans la volonté d'exercer son droit sur la chose à l'exclusion du droit d'autrui. Il est vrai que dans certains cas, dans l'indivision, par exemple, cette exclusion est forcément limitée, mais l'idée de maîtrise subsistera néanmoins, car chacun des copropriétaires ou des copossesseurs jouit en vertu d'un droit qui lui est propre, qui existe déjà virtuellement pour ainsi dire, et qui se manifestera par le partage. Mais, si vous admettez un droit supérieur d'où découle votre action sur la chose, la possession efficace disparaît pour faire place à une détention pure et simple qui ne conduira jamais, du moins en principe, à l'acquisition de la propriété. L'idée de maîtrise pourra cependant reparaître plus tard, mais ce ne sera que par l'effet de causes étrangères expressément limitées par le Code. (V. art. 2236 et suiv. C. N.) La reconnaissance du droit d'autrui sur la chose possédée constitue ce qu'on appelle en droit *la précarité*, c'est-à-dire la personnalité du représentant s'absorbant dans celle du représenté, la possession dénuée de ce qui fait sa force, l'*animus domini*. L'art. 2236 n'est que le corollaire de l'art. 2220. Comment pourrait-on prescrire en s'appuyant sur une possession qui, loin de faire naître un droit qui vous soit propre, consolide et perpétue le droit d'un autre?

86. En droit romain on appelait *précaire* la concession faite par une personne à une autre et révocable au gré du concédant. La possession passait sur la tête du concessionnaire qui pouvait invoquer la protection des interdits contre tout le monde, exception faite du concédant. Parfois cependant les parties stipulaient que la possession demeurerait sur la tête du concédant, et alors on assimilait le concessionnaire au fermier. Enfin, les anciens commentateurs étendirent à tous les cas ce qui n'était d'abord que l'effet d'une convention particulière. On appelle aujourd'hui détenteur précaire quiconque jouit en vertu d'une convention ou d'un titre qui constatent la supériorité du droit d'autrui. Ceux qui possèdent de cette façon se rencontrent en grand nombre, et l'on peut citer, à titre d'exemples, le fermier, l'usufruitier, le gagiste, l'antichrésiste, le mari, le tuteur, le *negotiorum gestor*, le mandataire, etc. M. Troplong (II, 483) refuse d'admettre au rang des détenteurs précaires le mari, soit quant aux immeubles dotaux de sa femme lorsqu'il s'agit du régime dotal, soit quant aux immeubles propres lorsqu'il s'agit du régime de communauté. Il enseigne que le mari est *propriétaire* de biens dotaux, et il établit ainsi sur le même bien deux propriétés coexistantes. Ce système serait vrai si notre droit avait conservé la théorie romaine qui faisait du mari le *dominus dotis*. Mais de pareilles idées sont loin de nous; la femme est au-

jourd'hui propriétaire et le mari ne peut l'être en même temps. Quant à la propriété du mari sur les propres de sa femme dans le régime de communauté, elle n'a été soutenue qu'à une époque déjà fort éloignée de nous. Loyseau l'avait admise, mais Pothier la rejetait formellement, et son opinion est celle de tous les jurisconsultes de son époque. Le mari était l'administrateur, le seigneur honorifique de ces biens, mais il ne possédait pas et ne pouvait posséder *animo domini.* « Le mari, dit Pothier, n'a
» pas, à la vérité, le domaine de propriété des pro-
» pres de la femme, comme il l'a, par le droit ro-
» main, des biens dotaux. Mais nos coutumes lui
» donnent un *droit de bail* et de gouvernement sur
» les propres de la femme qui lui donne le titre de
» *seigneur de ces biens,* et l'exercice de tous les
» droits honorifiques qui y sont attachés outre le
» droit d'en percevoir tous les fruits (1). »

87. On peut diviser les détenteurs précaires en deux catégories : les uns ne sont investis de la détention de la chose que dans l'intérêt d'autrui ; les autres ont des rapports avec la chose tant dans l'intérêt d'autrui que dans le leur. La précarité est complète et entière dans le premier cas ; elle n'est que partielle dans le second. L'emphytéote, l'usufruitier, l'usager sont des détenteurs précaires sous un rapport, et des possesseurs *animo domini* sous un autre. Cette personnalité mixte, pour ainsi dire, leur vient

(1) Introd. à la Cout. d'Orl., X, nº 153.

du droit réel qu'ils ont sur l'immeuble. Pendant qu'ils possèdent pour autrui la chose elle-même, ils possèdent pour eux le droit sur la chose. Aussi peuvent-ils invoquer dans les limites de leur droit réel l'exercice des actions possessoires.

88. L'emphytéote ayant un droit réel sur le fonds le possède *suo nomine*, quant à ce droit qui lui a été concédé : et l'action possessoire lui compétera soit contre les tiers, soit contre le concédant. Mais, sous le rapport de la *propriété* de la chose, il est et ne sera jamais qu'un détenteur précaire, car il n'a reçu la détention de la chose que sous la condition de reconnaître le droit de propriété d'autrui et à charge de restitution. Cette reconnaissance suffit pour le faire tomber sous l'application de l'art. 2236 et lui interdire toute prescription postérieurement à l'extinction de son droit réel.

89. L'usufruitier sera soumis aux mêmes règles. Quant au droit de jouissance dont il a été investi, nul doute qu'il ne doive avoir à sa disposition pour le défendre toutes les actions protectrices créées par la loi, car il est vrai de dire qu'en ce sens il possède *suo nomine*. Pothier disait en effet : « L'usufruitier
» d'un héritage peut former la complainte pour son
» droit d'usufruit dont il *a une quasi possession*,
» lorsqu'il y est troublé : mais il ne peut pas former
» la complainte pour l'héritage même, car ce n'est
» pas lui, c'est le *propriétaire qui en est possesseur*
» et qui seul peut former la complainte (1). » Mais

(1) Pothier, poss., n° 100, *in fine*.

il résulte des derniers mots de la citation précédente que, quand l'usufruit sera troublé dans la partie du droit réel qui ne lui a pas été concédée, il ne pourra pas exercer l'action possessoire, et qu'il devra se borner à dénoncer le trouble au nu-propriétaire. Aucune prescription utile ne naîtra jamais dans sa personne à l'égard de la propriété, car sa possession, sous ce rapport, est à tout jamais entachée de précarité. Peu importera même que son droit réel soit éteint; le vice subsistera toujours tant qu'une interversion légale ne sera pas intervenue. (V. article **2238 C. N.**)

90. L'usager ayant le droit de cultiver par lui-même, comme on le lui accorde généralement, possédera en partie *suo nomine* : il faut donc le placer dans une situation semblable à celle de l'usufruitier.

91. Terminons l'examen de cette matière par une question controversée fort importante. Faudra-t-il mettre au nombre des détenteurs précaires le vendeur qui, après le contrat, ne livre pas la chose et continue d'en jouir? Il va sans dire que si le contrat porte une clause particulière par laquelle le vendeur sera autorisé à conserver la chose à titre de location ou de dépôt, la précarité sera évidemment établie. Mais en l'absence de cette clause faut-il ou non la suppléer? l'affirmative est généralement soutenue. C'est en effet détenir à titre précaire que détenir sous condition de restitution. Or, le vendeur est obligé de restituer, donc il est détenteur précaire. Ce système nous semble difficile à admettre. D'abord la précarité ne

naît pas de l'obligation de restituer, elle naît de la
reconnaissance du droit d'autrui. Si la vente était le
titre de possession, dans l'espèce, cette reconnaissance
existerait, et par suite la prescription serait impossible. Mais est-il rien de plus faux qu'une pareille
idée? la vérité, c'est que le vendeur qui ne livre pas,
possède sans titre. Il est de mauvaise foi, cela est
évident; mais il peut prescrire, car il a l'*animus domini*. Il ne prescrira pas, il est vrai, par 10 ou 20
ans, mais par 30 ans d'après les règles ordinaires :
la base de la prescription repose sur la présomption de propriété qui naît forcément de l'inaction
du propriétaire. Or, quand cette inaction apparaîtra-
t-elle d'une façon plus nette? comment l'acquéreur
devenu immédiatement propriétaire expliquera-t-il
son silence pendant trente années? D'ailleurs, dans
l'ancien droit, on s'accordait à admettre la solution
que je propose ici. Le vendeur ne possédait *pré-
cairement* la chose qu'il avait vendue et qu'il retenait
que lorsqu'il y était obligé par une clause expresse
du contrat de vente (1).

CHAPITRE XII.

DES CAUSES QUI SUSPENDENT LA PRESCRIPTION.

92. Le texte de l'article 2251 est conçu de la manière la plus restrictive : il est impossible, en présence
de ses termes limitatifs, de soutenir que l'ancienne

(1) Domat. *Lois civ.*, l. III, tit. 7.

règle *contra non valentem agere non currit præscriptio*
n'ait pas été définitivement abrogée. Le Code a voulu
éviter les procès nombreux et les distinctions trop
subtiles. La conservation de la vieille règle eût ouvert
la porte à l'arbitraire et au pouvoir discrétionnaire
des juges. La loi sera peut-être sévère dans les cas
particuliers tels que ceux de guerre ou de peste :
mais l'intérêt public ne pourra que gagner à voir
consacrer formellement la maxime : *vigilantibus non
dormientibus jura subveniunt.* Du reste, quand le
législateur a vu qu'il était d'une incontestable équité
de suspendre la proscription dans les cas particuliers,
il a eu soin de l'indiquer d'une façon expresse. (V. les
articles 316, 1304, etc.)

93. La qualité personnelle du propriétaire ou les
relations du propriétaire avec le possesseur ont été
le fondement du privilége accordé par la loi. Il existe
bien encore une troisième cause de privilége, la mo-
dalité de la créance, mais il ne peut en être question
en matière de prescription acquisitive ; aussi n'en
sera-t-il pas parlé dans ce travail.

§ 1er. Suspension fondée sur la qualité personnelle du propriétaire.

94. Les personnes au profit desquelles la prescription est suspendue sont les mineurs, les interdits
et les femmes mariées.

Des mineurs. — La loi parle d'eux de la manière la
plus générale : il n'y a donc pas à considérer si le
mineur a acquis ou non le bénéfice de l'émancipation.

L'enfant soumis à l'administration légale de son père, la femme après le mariage qui l'a émancipée, n'ont rien à craindre de la prescription. D'ailleurs le privilége est limité aux grandes prescriptions ; celles qui sont de cinq ans et au-dessous ne sont pas suspendues (art. 2278). Ce serait, en outre, une erreur de croire que la suspension profite au copropriétaire du mineur. Quoi qu'on ait pensé à ce sujet dans l'ancien droit, il est certain que la faveur de l'article 2252 est toute personnelle, à moins qu'elle ne s'étende par la force même des choses, comme dans le cas d'indivisibilité. (Cass., 5 décembre 1826).

95. *Interdits.* — Les interdits sont assimilés aux mineurs ; mais comme nous sommes dans une matière d'exception, le bénéfice de la suspension ne doit pas être étendu. La loi garde le silence sur ceux qui sont pourvus d'un conseil judiciaire ou sur ceux qui, quoiqu'atteints de démence ou d'imbécillité, n'ont cependant pas été interdits. Ce silence est une exclusion tacite. Il n'y aura pas lieu non plus de distinguer si les biens que protège la suspension ont été originairement aux mains de l'interdit ou s'ils lui ont été transmis par un majeur contre lequel la prescription aura déjà commencé de courir. En sorte qu'il se pourra que la combinaison des articles 2252 et 2237 jette longtemps de l'incertitude sur la propriété.

96. *Femmes mariées.* — En principe, la prescription court contre la femme sous quelque régime qu'elle soit mariée et s'applique à toute espèce de

biens. Si l'article 2254 ne parle que des biens administrés par le mari, c'est que c'était le seul cas où le doute pouvait naître, en ce sens qu'on aurait pu être tenté d'assimiler la femme au mineur et à l'interdit qui eux aussi possèdent par mandataires ; cette assimilation n'a pas été admise par la loi.

La prescriptibilité qui devait exister sans conteste pour les biens dont la femme avait l'administration est étendue aux biens que le mari administre : car elle est assez protégée par le bénéfice de la séparation de biens et par le recours qu'elle a contre son mari quand l'inaction de ce dernier lui a causé un préjudice. Mais il est naturel de n'admettre ce recours qu'au cas où le mari a été négligent : car s'il prouve que la prescription déjà fort avancée s'est accomplie dès le début du mariage avant qu'il ait pû connaître l'état des biens, la femme ne pourra rien lui reprocher.

97. La loi établit quatre exceptions à la prescriptibilité des biens de la femme. Le premier cas d'imprescriptibilité pendant le mariage est celui des biens dotaux inaliénables. L'article 2255 n'est que le complément de l'article 1561, et toutes les règles établies au chapitre du régime dotal doivent s'appliquer ici. Ainsi, nous ne comprendrons pas dans les biens imprescriptibles ceux qui, par le contrat de mariage, seront déclarés aliénables, ou ceux auxquels le caractère de dotalité n'a été imprimé qu'après la prescription commencée. De plus, quand la femme obtiendra la séparation de biens, la prescriptibilité reparaîtra.

98. Le second cas est celui qui a trait aux actions que la femme commune ne peut exercer qu'après une option à faire entre l'acceptation ou la répudiation de la communauté. La suspension ne vient pas ici de la conditionnalité du droit, comme l'enseigne M. Troplong (n° 767). Car toutes les fois que le terme ou la condition suspendra la prescription, ce ne sera pas pour la femme mariée *seulement*, ce sera pour toute personne. S'il en était ainsi dans la matière que nous traitons, la femme mariée resterait dans les limites du droit commun : tandis qu'il s'agit ici pour elle d'un bénéfice qui tient à la qualité et qui lui est tout personnel. D'un autre côté, on a cherché à expliquer le bénéfice de suspension accordé à la femme par la combinaison de l'article 2257 avec l'article 2256. Mais cette raison ne peut être la vraie, car tout le monde s'accorde à reconnaître que l'article 2257 n'a trait qu'aux actions personnelles, au lieu que l'article 2256, dont on cherche ainsi à justifier la disposition exceptionnelle, se rapporte à l'exercice d'une action réelle. Le véritable motif de l'exception faite par la loi réside dans l'obligation où la femme se fût trouvée de s'immiscer à chaque instant, pendant le mariage, dans l'administration maritale. Cette surveillance eût compromis la paix du ménage. Terminons enfin nos observations sur l'article 2256, en en faisant remarquer la rédaction limitative. Il faut donc le considérer comme spécial aux actions dont l'exercice est subordonné au droit d'option, et ne pas l'étendre à tous les cas où le droit de la femme dé-

pendra d'une condition ou d'un événement ultérieur. (V. art. 1505 et 1514 C. N.)

99. En troisième lieu, toute action qui, intentée par la femme, aurait pour résultat de faire naître un recours contre le mari de la part du tiers inquiété, est suspendue pendant le mariage. Constamment arrêtée par la crainte d'irriter son mari, la femme ne jouirait plus d'une liberté suffisante. Prenons, en effet, l'hypothèse d'un mari qui a vendu comme sien l'immeuble de sa femme. Si cette dernière agissait, le tiers acquéreur formerait contre le mari un recours en garantie conformément aux articles 1620 et 1630. Cette hypothèse est celle de l'article 2256 ; mais elle n'est pas la seule qui puisse se présenter en pareille matière. Le texte dit formellement que la suspension de prescription aura lieu « dans *tous les autres cas* où » l'action de la femme réfléchirait contre le mari. » Toutes les fois donc que le mari, par suite de l'intervention de sa femme, se trouvera dans une position fâcheuse, la loi suspend la prescription dans le but de maintenir la concorde et les bonnes relations entre époux. L'article 2256 s'appliquerait ainsi dans le cas où la femme mineure se serait obligée solidairement avec son mari. (V. art. 1431 C. N.) Mais dès que le mari n'est pas atteint dans ses intérêts, dès que l'action ne *réfléchit* plus contre lui, la suspension n'a plus lieu. La prescription courra donc contre la femme, même pendant le mariage, si le mari a vendu l'immeuble de sa femme à un acquéreur de mauvaise foi avec stipulation de non garantie, ou même à un ache-

teur de bonne foi, mais avec la clause qu'il vendait aux risques et périls de ce dernier.

100. La prescription cesse-t-elle d'être suspendue au profit de la femme quand cette dernière a obtenu la séparation de biens ? La réponse sera affirmative, si l'on suppose le cas prévu par le 1° de l'art. 2256, car la séparation donne ouverture au droit d'option en opérant la dissolution de la communauté. Elle sera négative, au contraire, dans l'hypothèse prévue par le 2° de notre article. En effet, les raisons qui ont dicté la disposition toute spéciale de la loi survivent à la séparation de biens : le désir du législateur est la conservation de la paix domestique; or, la vie commune dure encore après cette séparation. La décision devrait être la même dans le cas de séparation de corps.

§ 2. Suspension fondée sur les rapports du propriétaire et du possesseur.

101. La prescription ne court point entre époux. (V. art. 2253.) Deux raisons ont fait admettre cette suppension. D'abord la prohibition de se faire des libéralités indirectes fût devenue parfaitement illusoire. L'un des époux eût facilement avantagé son conjoint en laissant s'accomplir une prescription qui devait paralyser son droit de revendication. D'un autre côté, il eût été immoral de voir des époux prescrire l'un contre l'autre et être réciproquement obligés de surveiller à chaque instant leurs droits.

« Il serait contraire à la nature du mariage, disait
» M. Bigot-Préameneu dans l'*Exposé des motifs*, que
» les droits de chacun ne fussent pas à l'égard de
» l'autre respectés et conservés. L'union intime qui
» fait le bonheur est en même temps si nécessaire à
» l'harmonie de la société que cette occasion de la
» troubler est écartée par la loi. »

102. La prescription est encore suspendue entre
la succession et l'héritier qui l'a acceptée sous bénéfice d'inventaire : mais il faut admettre ce principe
avec réserve. Ainsi la prescription acquisitive en voie
de s'accomplir au profit de la succession et au préjudice de l'héritier ne subit aucune suspension ; car
l'article 2258 parle des *créances* et non des *droits
réels*. Supposons en effet que l'héritier trouve dans
la succession un bien qui est réellement à lui, mais
qu'il ignore son droit de propriété. La possession
qu'il exerce au nom de la succession profite d'autant
mieux à celle-ci que c'est le propriétaire lui-même
qui prend la position de détenteur précaire. Il pouvait revendiquer l'immeuble et interrompre la prescription par le moyen de l'article 996 du Code
de procédure : il ne l'a pas fait, la prescription
suit son cours. Si nous posons maintenant l'hypothèse inverse, c'est-à-dire celle où l'héritier est en
voie de prescrire contre la succession, la prescription
sera nécessairement impossible : non pas qu'elle soit
suspendue en vertu de l'article 2258, mais parce
que l'héritier, étant l'administrateur de la succession,
doit en défendre les intérêts et interrompre toute

prescription qui courrait contre elle. Ce n'est ici que l'application du principe doctrinal en matière d'administration. (V. les art. 799, 806, 1137 C. N.)

Les mêmes règles doivent être appliquées dans les rapports qui existent entre la succession vacante et le curateur chargé de l'administrer. (V. art. 814 C. N.)

CHAPITRE XIII.

DES INTERRUPTIONS DE PRESCRIPTION.

103. L'effet de l'interruption est de mettre à néant la prescription en voie de s'accomplir, de telle sorte que tout le temps écoulé jusqu'au moment où elle se produit est légalement efficace. C'est par une conséquence forcée du principe de l'anéantissement absolu de toute prescription antérieure à l'interruption que nous avons établi, à propos de l'article 2235, que le propriétaire dépossédé pendant plus d'un an pouvait bien invoquer la possession de l'usurpateur, mais ne pouvait jamais bénéficier du temps qui avait couru à son profit avant l'interruption. De ce principe découlent encore deux conséquences : la première est que la prescription qui naîtra désormais sera une prescription *nouvelle* entièrement indépendante, quant à son point de départ, de l'ancienne qui a été définitivement et irrévocablement brisée. La seconde est que la prescription nouvelle pourra ou non, suivant les circonstances, être de même nature et de même

durée que la précédente. Mais de cette dernière règle il faut se garder de conclure que la prescription originaire changera nécessairement de nature. Il n'en sera ainsi que s'il y a novation en vertu de l'interruption. (V. art. 189 C. de comm.)

104. L'interruption peut être tantôt un fait instantané, tantôt un fait persistant. En effet, loin d'être toujours un fait particulier qui ouvre immédiatement une prescription nouvelle, l'interruption peut se prolonger pendant des années. C'est ce qui arrive quand un tiers prend possession de mon fonds, exerce son droit et paralyse le mien. C'est ce qui a lieu encore dans la demande en justice qui empêche toute prescription de commencer tant que se continue l'instance engagée, dura-t-elle quarante ou cinquante années. Du reste, il n'y a dans ce cas que l'application rationnelle du principe juridique : *actiones quæ tempore pereunt, semel inclusæ judicio, salvæ permanent.*

105. L'interruption peut être naturelle ou civile (art. 2242). L'interruption naturelle est celle qui découle d'une cause matérielle. La loi n'en indique qu'un seul cas : il est vrai que c'est celui qui sera le plus fréquent. « Il y a interruption naturelle, dit » l'article 2243, lorsque le possesseur est privé, » pendant plus d'un an, de la jouissance de la chose, » soit par l'ancien propriétaire, soit même par un » tiers. » Il résulte des termes de l'article précité que si le possesseur est réintégré dans l'année, la dépossession est réputée non avenue : il n'est même

pas nécessaire que le jugement qui fait suite à l'action possessoire soit rendu dans l'année, il suffit que cette action ait été intentée dans le délai voulu. La privation de jouissance qui résulterait d'un cas de force majeure pourra bien, suivant les circonstances, vicier la possession, mais elle n'arrivera jamais, quoiqu'en aient pensé d'Argentré (1) et Dunod (2), à l'anéantir et à la faire disparaître. L'interruption naturelle se rencontrera encore, quand au cours de la prescription la chose possédée changeant de condition entrera dans la classe des choses imprescriptibles. Mais il faut observer que le changement dans ce cas doit être perpétuel et mettre la chose absolument hors du commerce. (V. art. 1561 C. N.) L'interruption naturelle est spéciale à la matière que nous traitons, c'est-à-dire à la prescription acquisitive, elle ne peut jamais se rencontrer dans la prescription libératoire.

106. L'interruption civile se produit de cinq manières différentes, la demande en justice, la citation en conciliation (art. 57 C. comm.), la reconnaissance du droit du propriétaire par le possesseur, le commandement et la saisie. Nous nous arrêterons peu sur les deux derniers modes d'interruption, parce que, par leur nature même, ils seront nécessairement fort rares en matière de prescription à l'effet d'acquérir.

107. *Demande en justice.* — A en croire les termes

(1) Cout. de Bret., art. 266.
(2) Dunod, pag. 54.

de l'article 2244, la demande formée par exploit introductif d'instances serait seule efficace à interrompre la prescription. Mais l'opinion générale reconnaît que l'article comprend toute demande en justice, qu'elle se manifeste par une requête, par une intervention ou par une demande en collocation dans un ordre. Quant à une citation à comparaître devant des arbitres, il ne pouvait y avoir de doute, car les arbitres constituaient un véritable tribunal : au reste, la question ne peut plus se présenter depuis la loi du 17-23 juillet 1856, modificative de l'article 631 du C. de comm. Ceci soit dit pour l'arbitrage forcé, mais là question reste entière pour l'arbitrage volontaire, et on doit la résoudre en disant que la citation est dans ce cas soumise aux règles de l'article 2244. L'interruption formée par la demande judiciaire ne sera, du reste, que conditionnelle et subordonnée au succès ultérieur de la demande. Il suivra de là qu'elle sera non avenue en cas de désistement, de péremption d'instance, de rejet, ou de nullité de forme dans l'assignation. Examinons successivement ces différents cas.

108. Le désistement peut porter soit sur le fond du droit, soit sur l'instance actuelle. S'il ne s'agit que d'un désistement sur la procédure engagée, on conçoit la non interruption de la prescription, car le droit de l'adversaire n'est pas éteint. S'il est question, au contraire, du droit lui-même, il n'y a pas à s'occuper de continuation de prescription, puisque cette prescription est, en général, devenue impossible. Il en

sera cependant autrement dans le cas de solidarité,
car si un des créanciers solidaires, après avoir commencé des poursuites, se désiste de sa prétention, les
autres conservant le droit d'agir, le débiteur pourra
avoir plus tard intérêt à la continuation de la prescription commencée et à l'inexistence de l'interruption.
Le même intérêt se rencontre dans le cas de péremption d'instance, car cette péremption invoquée éteint
bien la procédure, mais ne touche pas à l'action qui
peut être intentée de nouveau. Quant au rejet de la
demande, il est évident qu'il ne peut être question que
d'un rejet définitif, car ce n'est qu'après l'épuisement
de tous les degrés de juridiction, que l'on pourra dire
d'une façon certaine que la demande a été admise ou
repoussée. Il faudra décider ici comme en matière de
désistement, car le rejet peut atteindre soit le droit
lui-même, soit un point en dehors de ce droit. Mais,
en tous cas, peu importe l'époque où le jugement sera
rendu quant à l'effet qu'il produira : cet effet rétro-
agira toujours au moment de la demande.

109. Enfin, il est important de savoir si, dans le
cas d'une citation annulée soit pour vice de forme, soit
pour incompétence, la prescription doit courir jusqu'au jour de la citation annulée ou jusqu'au jour de
la citation nouvelle. Il se peut, en effet, qu'elle s'ac-
complisse dans l'intervalle des deux assignations
successives. Le droit romain, dans son respect absolu
des principes, refusait tout effet interruptif à la citation annulée, par cette raison que, juridiquement,
elle devait être réputée inexistante. Le législateur n'a

admis aujourd'hui ni l'idée d'équité absolue, ni le droit strict : il a pris un système intermédiaire, en déclarant interruptives les assignations nulles pour incompétence, et inefficaces celles qui n'ont qu'un vice de forme. Cette théorie est difficile à justifier. La nullité pour vice de formes méritait la même rigueur ou la même indulgence que la nullité pour incompétence. Si l'on devait craindre de se montrer trop rigoureux à l'égard du propriétaire qui se serait trompé de juridiction, devait-on se montrer si sévère vis-à-vis du demandeur, dont l'assignation était nulle par une inadvertance ou une omission de l'huissier qu'il avait choisi. La loi paraît peu logique : peut-être cependant pourrait-on, sinon justifier, du moins expliquer la manière de raisonner des rédacteurs du Code. Dans l'ancien droit, le tribunal incompétent renvoyait devant le tribunal compétent sans qu'il fût besoin de donner une assignation nouvelle : l'instance n'éprouvait pas de retard et conservait son unité. Tout se passait donc en définitive comme si l'assignation n'avait pas été frappée de nullité, et par conséquent l'interruption sortait son plein et entier effet. C'est sous l'empire de ces souvenirs de l'ancien droit, que le législateur a sans doute écrit l'article 2246. La même manière de procéder ne se présentait pas pour l'assignation nulle pour défaut de formes, et c'est pour cela que l'on rencontre, dans des questions qui devraient être également favorables, deux décisions si différentes. Quoi qu'il en soit, un point sur lequel tout le monde est d'accord, c'est que l'assignation nulle pour incompétence prolonge l'interruption pendant toute la durée de l'instance illégalement introduite, et la fait subsister jusqu'au prononcé du jugement, qui statue sur sa non validité.

110. Mais une question plus difficile à résoudre est celle de savoir combien de temps durera l'effet interruptif de cette assignation en cas de cessation de poursuites de la part du demandeur. Évidemment, le défendeur ne peut toujours rester sous le coup de l'interruption : mais quand et comment la fera-t-il disparaître, la loi garde à cet égard un regrettable silence. M. Duranton, se fondant sur cette idée que l'assignation ne se relie plus à l'instance, la traite comme un acte extrajudiciaire, échappant à la péremption et se perpétuant pendant 30 années. Mais ce système a cela de dangereux, comme le fait judicieusement observer M. Marcadé (presc., pag. 132), que les héritiers du demandeur n'ont qu'à représenter tous les 29 ans une assignation nulle pour paralyser éternellement la prescription du défendeur. Marcadé ne se contente pas de faire cette grave et péremptoire objection; il émet, à propos de cette difficulté, un système qui semble avoir été celui de la loi. Selon lui, les rédacteurs ont été encore préoccupés de l'idée que l'assignation nulle pour incompétence ne donnait pas lieu à assignation nouvelle, et par conséquent que l'unité d'instance qui se produisait par un renvoi pur et simple devant la juridiction compétente amènerait toujours et forcément la péremption de l'assignation par trois ans. Ils n'ont pas songé que le Code de

procédure modifierait ces principes, et dans leur esprit l'assignation nulle pour incompétence est de-
meurée soumise à la péremption ordinaire. Aussi ne
s'en sont-ils point expliqués ; et devant le silence de
la loi, il nous semble rationnel de penser que les choses
doivent encore aujourd'hui se passer, autant que
possible, comme elles se passaient autrefois. « Après
» trois ans du dernier acte de la procédure, dit Mar-
» cadé (*loc. cit.*), le défendeur pourra citer le de-
» mandeur devant le tribunal saisi par l'assignation
» nulle, pour faire juger, que, vu le défaut de pour-
» suite pendant ces trois années, cette assigna-
» tion est désormais périmée et complètement non
» avenue. »

111. *Citation en conciliation.* — Le Code devait
naturellement placer la citation au nombre des causes
d'interruption puisqu'il en avait fait un préliminaire
obligé de l'assignation en justice, et que, pendant le
délai forcé de cette tentative de conciliation, la prescription eût pu s'accomplir. Ce qui prouve bien que
telle a été la pensée de la loi, c'est qu'elle exige que
dans le mois la citation soit suivi d'une demande en
justice. (V. art. 57 C. de proc.) Il résulte de là nécessairement que si l'assignation d'où la citation tire
sa force interruptive est nulle pour défaut de formes
ou frappée d'un rejet définitif, la citation doit évidemment tomber elle-même. Plusieurs questions se
sont élevées sur cette importante matière, nous allons
brièvement les passer en revue.

112. On s'est demandé d'abord si la comparution

volontaire des parties devant le juge de paix devait
avoir un effet interruptif. On doit répondre affirma-
tivement sans hésiter. La comparution est en effet
mise par l'article 48 du Code de procédure sur la
même ligne que la citation. Comme cette dernière,
la comparution constatée par le procès-verbal du juge
de paix établira d'une manière certaine le point de
départ du délai dans lequel doit être produite l'assignation en justice, et de plus on aura évité des len-
teurs et des frais inutiles (1). Il en serait autrement
de la simple lettre par laquelle le juge de paix aurait
appelé les parties devant lui aux termes de l'art. 17
de la loi du 25 mai 1838. Dans ce cas, en effet,
l'assimilation de cette lettre à la citation est impossible, car elle n'est pas portée par un officier public
qui en constate la remise à la partie.

113. La demande reconventionnelle opposée devant le juge de paix à l'adversaire duquel émane la
citation aura aussi le même effet que la citation elle-
même, et interrompra la prescription au profit de la
partie qui la produit. Le défendeur, en effet, est dans
la même position que s'il avait répondu par une citation à la citation qu'il a reçue. Il n'a pas eu besoin
d'appeler en cause son adversaire : il a profité du
moment où ils se trouvaient en présence et où sa
demande pouvait être légalement constatée par le
procès-verbal du juge de paix.

114. Les auteurs ne s'accordent pas sur le point

_____

(1) Boncenne, II, p. 59.

de savoir si la citation en conciliation donnée dans
une affaire qui en est dispensée a cependant un effet
interruptif. Les uns lui dénient absolument tout
effet (1). D'autres distinguent : si l'affaire est susceptible de transaction, l'interruption a lieu : sinon
c'est « *une tentative impuissante et vaine, un essai de*
» *pourparlers qui ne peuvent aboutir à rien* (2). »
Cependant il est plus conforme peut-être à l'esprit
de la loi de ne pas refuser à cette citation l'effet interruptif : car le Code met sur la même ligne les
citations en conciliation et celles qui sont introduc-
tives d'instance. L'article 2246 ne parle, il est vrai,
que de la citation en justice, mais dont le monde
s'accorde à étendre sa disposition aux citations en
conciliation. D'ailleurs, l'analogie est tellement évidente que l'on doit établir pour les citations, aussi
bien que pour les assignations, les mêmes règles
relativement aux questions d'incompétence. Or, à
bien examiner la difficulté qui nous occupe, il est
aisé de voir qu'il ne s'agit en réalité que d'une erreur
de compétence : et comme cette erreur n'empêche
pas l'interruption de se produire quand il est question d'assignations, il en devra être logiquement de
même en matière de citation inutile. Les principes
que nous venons de poser résoudraient la question
inverse de la même manière. L'effet interruptif doit
donc être accordé à la demande qui, soumise à un
préliminaire de conciliation, a été directement portée

(1) Pigeau, proc., p. 54.
(2) Troplong, II, nº 593.

devant le tribunal. La cour de cassation (arr. 30 mai 1814), se fondant sur le texte de l'article 48 du Code de procédure, est contraire à l'opinion que nous adoptons, et décide que l'assignation *directe* n'étant pas valable doit nécessairement tomber sous l'application de l'art. 2247. Mais il ne s'agit point ici de l'article 2247 qui n'a trait qu'aux nullités de forme : nous supposons dans l'hypothèse l'assignation parfaitement valable à ce point de vue. Il s'agit au contraire du cas prévu par l'article 2246. Le demandeur s'est trompé de juridiction, le tribunal saisi est incompétent, et nous savons que l'assignation nulle pour incompétence est toujours efficace au point vue de l'interruption.

115 *Reconnaissance du droit par le possesseur.* — Il importe peu de quelle manière cette reconnaisance se produit. Elle peut se faire expressément ou tacitement, par acte authentique, par simple lettre, ou même par déclaration verbale. Elle serait encore suffisamment prouvée par un ensemble de circonstances desquelles il résulterait un aveu tacite du droit du propriétaire. Mais dans ce dernier cas la preuve de cette interruption devra être fournie par celui auquel elle profite, et sera soumise aux règles établies au titre des obligations (ch. VI). Le propriétaire pourrait même déférer le serment au possesseur, d'après les règles établies dans les articles 1358, 1359 et suiv.

116. L'interruption produite par la reconnaissance du droit d'autrui sera dans la plupart des cas instantanée, et, tout en effaçant à jamais le temps écoulé, permettra à une prescription nouvelle de recommencer immédiatement. Cependant son effet peut se prolonger. C'est ce qui arrivera quand le possesseur du fonds d'autrui réclame du propriétaire l'autorisation d'y demeurer et que le propriétaire lui accorde sa demande. Deux effets vont se produire, d'abord la reconnaissance tacite du droit d'autrui anéantira la prescription pour le passé : et, en second lieu, quant à ce qui regarde l'avenir, la concession faite par le propriétaire constituera le possesseur en un état de précarité d'où il ne pourra sortir que par la voie des interversions légales. (V. art. 2236, 2237 C. N.)

117. *Commandement.* — Le commandement est l'acte par lequel le demandeur ordonne, par voie d'huissier, au défendeur d'exécuter le jugement qui le condamne, ou d'accomplir ce qu'il s'est obligé à faire en vertu d'un titre exécutoire consenti par lui. Son effet est plus énergique que celui de la demande en justice. Cette dernière, non suivie de poursuites, tombe par la péremption comme tout acte judiciaire (art. 397 C. proc.) Le commandement, au contraire, ne pouvant être considéré que comme un acte extra-judiciaire, reste soumis à la prescription trentenaire. (Art. 2262 C. N., art. 674 C. de proc.) Mais il faut observer aussi que le commandement permet la reprise immédiate d'une prescription nouvelle, tandis que l'interruption résultant de la demande en justice se maintient tant que la péremption n'a pas été demandée et prononcée par le jugement.

118. *Saisie.* — La loi a aussi accordé l'effet interruptif à la saisie, paraissant ainsi créer une seconde interruption inutile à cause de celle déjà opérée par le commandement. Les articles 819, 822 et 826 du Code de procédure justifient cette disposition légale. Mais même en l'absence de ces articles, l'effet interruptif en matière de saisie aurait encore cet avantage qu'il anéantirait la prescription qui a pu recommencer à courir depuis la date du commandement. Les exemples d'application de ces deux derniers cas d'interruption se rencontreront, il est vrai, fort rarement dans la prescription acquisitive, mais ils pourront cependant s'y présenter quelquefois. Supposons en effet qu'un propriétaire obtienne un jugement qui condamne le possesseur à délaisser l'immeuble sous peine de payer une somme considérable par chaque jour de retard. Le possesseur se refuse à la restitution : le propriétaire sera donc obligé de saisir les biens de son débiteur pour le paiement des indemnités qui lui sont dues par suite du refus de délaisser; mais comme il devra préalablement faire un commandement au possesseur, ce commandement aura pour effet d'interrompre la prescription acquisitive. (V. art. 2244 C. N.) Seulement la prescription ayant pu reprendre un nouveau cours à partir de ce commandement, il y aura utilité à l'interrompre de nouveau par la saisie.

CHAPITRE XIV.

DE LA PRESCRIPTION TRENTENAIRE.

119. Le Code rejette ici toutes les prescriptions de longue durée qu'admettait le droit romain et le droit coutumier. Le plus long temps pour prescrire n'excédera pas 30 ans (art. 2262), et les prescriptions commencées sous l'empire des anciennes lois et pour lesquelles il fallait encore plus de 30 ans à compter de la publication du Code, ont été réduites et accomplies par le laps de trente années (art. 2281 2°).

120. Nous trouvons ici la consécration du principe que nous avons posé plus haut dans ce travail (n° 5), et nous voyons qu'à mesure que la durée de la possession est prolongée, les conditions de cette possession se restreignent et diminuent. Ainsi il ne sera plus question ici, comme dans la prescription de 10 ou 20 ans, de bonne foi et de juste titre : il suffira toujours, pour que le possesseur triomphe, du délai trentenaire et d'une possession conforme aux dispositions de l'article 2229.

121. L'article 2262 est conçu dans les termes les plus extensifs. De la généralité même de son texte il résultera que toute action, quelle qu'elle soit, sera éteinte par le délai de 30 ans. La revendication même de la propriété, quoiqu'étant la plus favorable et la plus juste des actions, devra s'éteindre, après ce délai, dans les mains de celui qui aurait dû en

user : car ! intérêt social a dû l'emporter aux yeux
du législateur sur les intérêts privés.

122. Il est clair que le Code ne veut pas dire ici
que toutes les actions seront soumises à la seule
prescription trentenaire. La seule règle que la loi ait
voulu établir, c'est que la prescription de **30** ans
atteindra tous les droits qui auront échappé à une
prescription plus courte. De plus elle s'appliquera
toutes les fois qu'il sera question d'acquérir une uni-
versalité de biens ou une quote-part de cette univer-
salité. Cela résulte des termes limitatifs de l'article
2265. En se servant en effet de ces mots : « Celui
» qui acquiert *un immeuble*, » l'article 2265 restreint
son application aux cas où il s'agira d'un ou de plusieurs immeubles *déterminés*.

123. Cependant il faudrait se garder de croire
que cet article 2265 fût applicable en matière de
servitudes. De savants auteurs ont cru que l'article
ne distinguait pas entre les immeubles corporels et
les immeubles incorporels, et que la prescription de
10 ou **20** ans s'appliquait aux servitudes. Nous
croyons cependant qu'une telle doctrine est inadmis-
sible. Elle répugne trop au texte de l'article 690. « Les
» servitudes continues et apparentes s'acquièrent
» par titre ou par la possession de trente ans. »
Quoi de plus formel ? Si le mot possession se trouvait seul, si le Code avait dit qu'elles s'acquerraient
par titre ou par *possession*, le doute eût été possible ;
mais il n'en est point ainsi : la loi s'explique clairement ;
et ce serait nier l'évidence que de croire que la pos-

session trentenaire ne soit pas la seule applicable dans la matière qui nous occupe.

D'ailleurs ce qui donne à penser que le législateur a dû chercher à éviter toute expression trop vague, c'est qu'il avait à créer un droit tout nouveau dans les questions de servitudes. L'ancien droit était plein de divergences. Quelques coutumes rejetaient la prescription d'une manière absolue ; d'autres ne l'admettaient qu'avec un titre qui soutînt la possession ; d'autres enfin exigeaient une possession dont personne ne se rappelât le commencement. En présence d'une telle diversité d'opinions, le Code a dû établir et a en effet établi des règles spéciales. Cela est si vrai qu'il a pris le soin de distinguer en matière de prescription la nature des servitudes. Les unes, par leur caractère de discontinuité et de non apparence, lui ont semblé devoir échapper à toute prescription. La non apparence de ces droits ôtait à leur possession un élément indispensable, la publicité : leur discontinuité les revêtait d'un caractère de bon voisinage : le propriétaire les laissait s'exercer non par négligence ou abandon de ses droits, mais pour ne pas altérer cet esprit de tolérance mutuelle qui doit exister entre voisins. Les servitudes, au contraire, qui se trouvaient être apparentes et continues devaient être soumises à des règles appropriées à leur nature. Là l'inaction du propriétaire, l'incurie du possesseur du fonds servant apparaissait ; là aussi devait apparaître la prescription. Mais pour que les difficultés résultant de la divergence des anciennes coutumes ne se reproduisent plus, on n'admit qu'une sorte de prescription, la prescription trentenaire. (V. art. 690 C. N.)

CHAPITRE XV.

DES ACTES DE PURE FACULTÉ OU DE TOLÉRANCE.

124. Les actes de pure faculté, dit l'art. **2232**, ne peuvent fonder ni prescription, ni possession. Cette formule vague a besoin d'être expliquée. D'abord on devra se demander ce qu'est une faculté. En premier lieu, il faut dire que la faculté ne peut pas être un droit, puisque la loi l'en distingue formellement. D'un autre côté, il est vrai de dire que tous les droits consistent dans la faculté de faire certains actes. Si cependant la loi l'avait entendu dans ce sens, aucune prescription ne pourrait jamais avoir lieu, et la règle serait inapplicable. Il faut donc chercher ailleurs ce qu'à voulu dire la loi. La faculté, selon nous, c'est le droit avant la manifestation, c'est l'acte que je puis faire en vertu de la mise en œuvre de mon aptitude et de ma liberté naturelles. Or, comme cette mise en œuvre peut être, à mon gré, retardée ou accomplie, comme jusque-là mon action reste seulement possible, on ne pouvait admettre que la prescription pût jamais l'atteindre. Sans doute, quand la manifestation ex-térieure aura eu lieu, quand j'aurai exercé ouverte-ment cette sorte de puissance virtuelle qui sommeille ou se réveille à ma volonté, quand, en un mot, ma

faculté sera devenue un droit, je rencontrerai vis-à-
vis de moi le droit d'autrui, et du choc des droits
rivaux naîtra la prescription; mais ce ne sont point là
les facultés dont parle l'article que j'examine.

125. Il s'agit ici de certains droits que l'on ne
possède pas en vertu d'un contrat ou d'un mode individuel d'acquisition quelconque, mais en vertu d'un
droit collectif. A cette idée se rattache l'exemple d'un
habitant qui reste trente années sans puiser de l'eau
à la fontaine publique. Qu'aura-t-il perdu? Rien :
car les autres habitants qui ont joui de la fontaine ne
l'ont point possédée *animo domini* : ils n'ont fait
qu'user de leur droit tout en conservant par cet
exercice même le droit de leur concitoyen resté inactif. Il en sera de même du pacage dans la forêt com-
munale. En effet, la loi a considéré que de pareils
actes ne pouvaient jamais être soumis à la prescription ; parce qu'il n'y avait pas là de droits rivaux
s'attaquant et se menaçant l'un l'autre, mais des
droits qui se soutenaient mutuellement les uns les
autres, et ne permettant jamais d'empiètement.
Dunod exprime, du reste, parfaitement cette idée
quand il dit : « Que c'est une liberté commune à tous
» les hommes ou à tous les membres d'une société,
» d'agir ou de ne pas agir, suivant qu'ils le trouvent
» bon, et que la loi fait abstraction de tout droit
» formé et de toute action. » Si donc l'individu en
use, c'est comme homme membre d'une société
d'hommes et non comme possédant un droit spécial
et acquis à lui personnellement. Toute cette théorie

est, du reste, résumée par ces quelques mots de
d'Argentré : « *Facultas, jus nullum proprium aut pri-*
» *vatum cujusque supponit..... nec uni alicui acquirit,*
» *sed multis et omnibus ut a communi natura : et uni*
» *non ut uni, sed ut inter multos.* »

126. Les actes de tolérance sont ceux qu'un propriétaire laisse exercer sur sa chose par un autre,
pourvu que cet autre reconnaisse son droit de maître.
D'un côté, le propriétaire n'use pas de son droit de
prohibition ; de l'autre, le possesseur ne prétend à
aucune acquisition ultérieure. Des faits de ce genre
sont inhabiles à amener une possession efficace : et
ce que dit à ce sujet l'article 2232 du Code n'est que
la reproduction de la loi romaine. La disposition de
la loi se fonde sur le peu de dommage que causent
au propriétaire les actes de cette nature; le silence
de ce dernier est dès lors suffisamment expliqué, il
reste dans l'inaction non par négligence ou par nécessité, mais par pur désir de conserver des relations
de bon voisinage. C'est par une conséquence naturelle de ces idées que le législateur défend l'acquisition par prescription des servitudes discontinues,
et la permet au contraire en matière de servitudes
continues (art. 691 C. N.).

127. Il y a beaucoup de rapport entre cette tolérance du maître et le précaire : cependant il existe
plusieurs différences. D'abord la tolérance ne prend
pas sa source dans un contrat : c'est ce qui arrive,
au contraire, dans la précarité. En second lieu, une
fois établie, la tolérance pourra s'effacer par un con-

cours de circonstances tel qu'on ne puisse plus la considérer comme l'effet des relations amiables de deux voisins. La précarité, au contraire, porte avec elle un caractère determiné qui ne peut disparaître que par la survenance de l'une des causes d'inter-version admises par la loi.

CHAPITRE XVI.

DE LA PRESCRIPTION DES MEUBLES.

128. C'est ici le lieu de s'occuper d'une disposition célèbre de la loi. « En fait de meubles, possession vaut titre » (art. 2279). Les rédacteurs ont cherché la concision et rencontré l'obscurité. On se demande en effet de quelle possession il s'agit ici et de quelles conditions elle devra être entourée. On sera ensuite amené à rechercher de quelle nature doit-être le titre dont parle la loi. A ces deux questions qui se présentent d'une façon toute naturelle, la loi n'a rien répondu, le droit ancien répondra pour elle.

129. Rien n'était moins uniforme et moins fixé que le droit coutumier en matière de prescription mobi-lière. Où certaines coutumes demandaient 3 ans (1), d'autres exigeaient trente années (2). La divergence n'existait pas seulement dans la coutume, elle se rencontrait aussi dans le commentaire. Brodeau et

(1) Anjou, art. 444. Maine, art. 434. Sedan art. 324. — V. aussi Pocq. de Livon., règles du dr. fr., p. 224.

(2) Berry, art. 10. Oudenarde, art. 2.

Duplessis admettaient la prescription des meubles
par 30 ans quand le possesseur était de mauvaise
foi, et la restreignaient à 3 années quand la condition
de bonne foi accompagnait la possession. Enfin,
peu à peu, l'opinion générale et la jurisprudence du
Châtelet parurent refuser tout droit de suite dans les
questions mobilières (3). On était dès lors forcé de
reconnaître que le tiers acquéreur devenait propriétaire par une possession instantanée, puisque le
propriétaire véritable n'avait plus le droit de revendiquer le meuble sorti de ses mains. C'est cette idée
de *possession instantanée* que l'ancien droit exprimait
par cette formule inexacte, « que pour les meubles il
» n'y avait pas de prescription. » On voulait simplement dire que la prescription n'existait pas en quelque
sorte parce qu'elle n'avait pas besoin de son élément
constitutif le plus indispensable, le temps. Bourjon,
se faisant l'interprète de la même idée, s'exprimait
d'une autre façon : « Quant aux meubles, disait-il,
» possession vaut titre parfait. » Le Code a copié
Bourjon.

130. Mais Bourjon s'expliquait : son brocard
n'était que le résumé de phrases précédentes que le
Code a maladroitement omises et qu'il est utile de
rappeler. « La prescription, disait-il, n'est d'aucune
» considération, elle ne peut être d'aucun usage
» quant aux meubles, puisque, par rapport à ces
» biens, la simple possession produit tout l'effet

(3) Bourjon, I, p. 1091.

» d'un titre parfait..... Suivant la jurisprudence du
» Châtelet, la possession d'un meuble, ne fût-elle
» que d'un jour, vaut titre de propriété..... (1).»
Bourjon disait encore : « La chose furtive peut être
» revendiquée partout où on la trouve; c'est la seule
» exception qu'on puisse apporter à la règle ci-des-
» sus. » Le Code reproduit encore l'exception et la
consacre dans le second paragraphe de l'art. 2279.

131. Nous avons cherché à établir d'une façon
certaine la corrélation intime des dispositions de la
loi avec les idées de Bourjon. C'est en effet à l'aide
du rapprochement du texte original et de la copie
qui en a été faite par le Code que nous allons poser
les principes qui doivent régir la matière des prescriptions mobilières. D'abord nul doute ne peut plus
exister sur la nature du titre exigé. Ce titre doit être
efficace et habile à transférer la propriété : c'est en
effet d'un pareil titre qu'il a toujours été question
dans l'ancien droit ; et d'ailleurs, la revendication
étant instantanément paralysée , la propriété se
trouve par voie de conséquence subitement trans-
férée par ce titre au possesseur, excepté dans les cas
tout exceptionnels de perte ou de vol prévus par le
2° de l'article 2279.

132. Qant aux caractères que doit avoir la possession pour engendrer cette propriété instantanée, il
va être aisé de les découvrir. L'examen approfondi
de l'article 1141 démontre les rapports étroits qui

(1) Bourjon, I, p. 1094.

existent entre cet article et celui que nous examinons. Or, dans l'article 1141 la bonne foi est exigée
d'une façon expresse. D'un autre côté, nous avons
prouvé que le Code s'était inspiré exclusivement de
la jurisprudence du Châtelet ; or, cette jurisprudence
admettait la prescription trentenaire dans le cas de
mauvaise foi, et la même règle doit être suivie aujourd'hui. La seconde condition de la possession est
le corollaire de la première. Il faut de toute nécessité que celui qui veut invoquer le bénéfice de l'article 2279 ait acquis d'une façon légale, par achat,
donation, legs particulier, etc. Sans cela, que devien-
drait sa bonne foi, comment pourrait-il se croire légitimement propriétaire ? « L'idée de la loi, dit Mar-
» cadé, est ici d'excuser l'erreur et nullement de
» favoriser la fraude. » Aussi proportionnant ses exigences à la facilité même de l'erreur en matière de
meubles et à l'absence habituelle de tout écrit, la loi
demande moins au possesseur de choses mobilières
qu'au possesseur de choses immobilières. Il est évident, en effet, que le titre dont nous parlons ici n'est
ni le titre transférant réellement la propriété, ni
l'acte instrumentaire que l'on rencontre habituelle-
ment dans les contrats : c'est seulement une acquisition de fait rendue, il est vrai, non valable par l'incapacité du transmettant, mais regardée comme
suffisante et légale par celui à qui la chose a été livrée. En résumé donc, l'article 2279 prévoit le cas
unique de l'acquisition d'un meuble transmis *a non
domino* avec juste titre et bonne foi.

133. Maintenant est-il vrai, comme l'ont soutenu quelques auteurs, qu'outre le juste titre et la bonne foi il faille encore admettre une troisième condition pour l'application de notre article, et dire qu'il est nécessaire que le possesseur ne soit pas personnellement obligé à la restitution du meuble. Nous ne le pensons pas, car la nature même de cette condition nouvelle que l'on veut introduire la forcera toujours à se confondre soit avec le juste titre, soit avec la bonne foi. D'ailleurs, s'il fallait adjoindre un troisième élément à la prescription prévue par l'article 2279, la loi, tout en voulant créer un privilége en matière mobilière, serait arrivée à cet étrange résultat, que les règles établies pour la prescription des meubles seraient dans le fait plus rigoureuses et plus multipliées que celles fixées pour la prescription immobilière. (V. art. 2265 C. N.)

134. Les universalités ou les quotes-parts d'universalités mobilières restent soumises à la prescription de 30 ans; les meubles dont il est question ici ne sont et ne peuvent être que des meubles individuels. Et encore ne faut-il pas s'arrêter à une définition aussi générale, car tous les meubles individuels ne tomberont pas sous l'application de l'article 2279. Les motifs même qui ont inspiré aux rédacteurs l'idée de la prescription instantanée doivent nécessairement en restreindre l'effet aux meubles qui se transmettent de la main à la main sans la rédaction d'aucun acte ou d'aucun écrit. Il est inutile de dire que la loi range, parmi les meubles dont nous parlons, les billets de banque et les actions au porteur! l'article 2279 portera donc sur les meubles corporels transmissibles sans écrit et sur quelques meubles incorporels tels que ceux que nous citons ici.

135. La loi pose comme obstacle à la prescription instantanée des choses mobilières, les cas de perte ou de vol. Trois ans doivent s'écouler depuis la perte ou le vol pour que la propriété passe définitivement sur la tête du tiers acquéreur. Quant au voleur, il a eu une possession dénuée de juste titre et de bonne foi, et ne peut prescrire par conséquent que par le laps de trente années. Dans ce cas l'action civile survivra à l'action criminelle qui s'éteindra par un délai plus court. (V. art. 637, 638 C. I. C.)

136. Des difficultés se sont élevées sur l'interprétation, plus ou moins étendue, que l'on devait donner au paragraphe second de l'article 2279. Les uns, prenant le mot de vol *lato sensu*, font rentrer dans la disposition de notre article les cas d'abus de confiance et d'escroquerie. M. Troplong, qui adopte ce système, essaie de le justifier en disant que le paragraphe second étant une « *exception à un privilége* » *exceptionnel* » rentre nécessairement dans les principes du droit commun. Mais ce n'est point ainsi que l'on doit entendre l'article. Le second paragraphe est une véritable exception, et comme telle doit être expressément limité au cas pour lequel il a été fait. L'article 2279 1° n'est point une exception au principe de la nullité de la vente de la chose d'au-

14

trui posé par l'article 1599. Dans ce dernier article,
il s'agit d'une acquisition par contrat; dans l'art 2279,
au contraire, il s'agit d'une acquisition par prescription. Aucun lien n'existe donc entre ces deux articles, qui demeurent parfaitement indépendants l'un
de l'autre. La règle, *qu'en fait de meubles, possession vaut titre*, est un principe et nullement une
exception à l'article 1599. Mais l'exception se rencontre dans le second paragraphe, qui doit dès lors
s'interpréter restrictivement. Du reste, c'est ainsi que
l'a toujours décidé la cour de cassation.

POSITIONS.

—

DROIT ROMAIN.

I. L'esclave du captif peut usucaper *ex causâ peculiari.*

II. L'usucapion s'appliquait aux biens des mineurs.

III. La loi 4, § 6, et la loi 49 D., 41, 3, peuvent se concilier.

IV. Le *justus titulus* et la *bona fides* sont deux éléments distincts de la possession à l'effet d'usucaper.

V. Le *possessor bonæ fidei* qui, après avoir perdu la chose avant l'usucapion accomplie, la reprend avec la connaissance qu'elle est à autrui, ne peut plus commencer une usucapion nouvelle.

VI. Quelles règles régissent l'acquisition des fruits en matière de possession de bonne et de mauvaise foi ?

CODE NAPOLÉON.

I. La prescription doit-elle être considérée comme

une cause ou simplement comme une preuve d'acquisition légale?

II. La dette prescrite ne renferme pas une obligation naturelle.

III. La revendication du vendeur dont parle l'art. 2102 4º du Code Napoléon n'est pas une résolution du contrat.

IV. L'article 2279, dans son second alinéa', ne parle que du vol et ne peut être étendu aux cas d'escroquerie ou d'abus de confiance.

V. La discontinuité de possession résultera de l'examen des faits et de la nature de la chose possédée.

VI. L'article 2279 ne s'applique pas aux universalités de meubles.

VII. L'acheteur qui par erreur a reçu une chose autre que celle qui lui est due, possède et prescrit la chose qui lui a été livrée.

VIII. Le vendeur qui retient la chose vendue doit être admis à prescription.

PROCÉDURE.

I. La comparution volontaire des parties devant le juge de paix a un effet interruptif de prescription.

II. L'assignation nulle pour incompétence doit être soumise aux règles ordinaires de la péremption.

DROIT COMMERCIAL.

I. L'article 1657 C. N. n'est pas appliquable en matière de vente commerciale.

II. L'action de l'assuré contre l'assureur pour le paiement de l'indemnité ne se prescrit que par 30 ans.

III. Celui qui fait sa profession habituelle d'acheter des immeubles pour les revendre n'est pas commerçant.

DROIT CRIMINEL.

I. L'action publique résultant d'un crime de nature à entraîner la mort ou des peines afflictives perpétuelles se prescrit par 10 ans à cause de la difficulté des témoignages certains après un plus long délai.

II. Les blessures qui résultent d'un duel tombent sous l'application de la loi pénale.

DROIT ADMINISTRATIF.

I. Les rivières non navigables ni flottables appartiennent aux riverains.

II. La loi du 23 mars 1855 n'a pas modifié la loi du 3 mai 1841 sur l'expropriation pour cause d'utilité publique.

POITIERS. — IMPRIMERIE DE N. BERNARD.

www.ingramcontent.com/pod-product-compliance
Lightning Source LLC
Chambersburg PA
CBHW070516200326
41519CB00013B/2823